JN416013

인공지능과 저널리즘

인공지능총서

인공지능 시대입니다. 기계가 인간의 인지를 대신하고, 사물이 인간을 통하지 않고 다른 사물과 직접 커뮤니케이션합니다. 이에 따른 인간 삶과 문명 변화를 정확히 이해·예측·대응하는 것은 이 시대 우리 모두의 과제입니다. 인공지능총서는 인공지능 기술과 환경의 여러 주제를 10가지 키워드로 정리합니다. 관련 개념과 이론, 학계와 산업계의 쟁점, 우리 일상의 변화를 다룹니다. 인간과 기술의 현재, 미래를 세심히 분석합니다.

일러두기

- 인명, 작품명, 저서명, 개념어 등은 한글과 함께 괄호 안에 해당 국가의 원어를 병기했습니다.
- 외래어 표기는 현행 어문규정의 외래어표기법을 따랐습니다. 다만 '딥러닝', '딥마인드', '딥페이크' 등은 관행을 따랐습니다.

처음이세요?

전문가세요?

지금, 큐알 찍으면

🎁 AI 입문서 바로 선물

📚 당신만의 필독서 추천

📖 500권 요약본 공짜

🎧 오디오북 무료 사용

인공지능과 저널리즘

심양섭

대한민국, 서울, 커뮤니케이션북스, 2025

인공지능과 저널리즘

지은이 심양섭
펴낸이 박영률

초판 1쇄 펴낸날 2025년 1월 20일

커뮤니케이션북스(주)
출판 등록 2007년 8월 17일 제313-2007-000166호
02880 서울시 성북구 성북로 5-11
전화(02) 7474 001, 팩스(02) 736 5047
commbooks@commbooks.com
www.commbooks.com

이 책은 커뮤니케이션북스(주)가 저작권자와 계약해 발행했습니다.
본사의 서면 허락 없이는 어떠한 형태나 수단으로도
이 책의 내용을 이용할 수 없음을 알려드립니다.

© 심양섭, 2025

ISBN 979-11-7307-335-9 03500

책값은 뒤표지에 표시되어 있습니다.

차례

AI 시대의 저널리즘: 기회인가 위험인가 vii

01 AI와 취재 1

02 AI와 기사 작성 11

03 AI와 보도 21

04 AI 시대의 사설과 칼럼 31

05 AI 저널리즘과 빅데이터 41

06 AI와 탐사 저널리즘 51

07 AI 시대의 팩트 체크와 가짜 뉴스 59

08 AI와 소셜 미디어 69

09 AI 시대 언론의 독자 관리 79

10 AI 시대 대중의 언론에 대한 태도: 시민의 언론 감시를 포함하여 91

AI 시대의 저널리즘: 기회인가, 위험인가

날로 업데이트되는 생성형 AI의 기능

21세기의 새벽, 저널리즘은 AI의 등장으로 유례없는 변화를 목격하고 있다. AI와 저널리즘의 교차점은 뉴스 생산 · 보급 · 소비의 지형을 재편하면서 상당한 기회와 심각한 위험을 동시에 제시한다. 이 서문에서는 AI 기술의 통합이 새로운 진보의 시대를 의미하는지, 아니면 전통적인 저널리즘 가치가 침식될 가능성이 있는지를 검토하면서 AI가 저널리즘에 미치는 영향의 중요한 측면을 살펴본다.

생성형 AI는 뉴스 생태계를 근본적으로 바꾸어 가고 있다. 저널리스트와 언론사들은 이러한 변화에 적응하지 않으면 안 된다. 생성형 AI는 텍스트, 이미지, 음악, 동영상 또는 코드와 같은 새로운 콘텐츠를 생성하는 AI의 일종이다.

여기서 '코드'는 무엇을 해야 하는지 컴퓨터에 알려 주는 프로그래밍 언어(예: 파이선, 자바, 자바스크립트)로 작성된 명령어 집합인 컴퓨터 프로그래밍 코드를 의미한다. 생성형 AI를 사용하여 사용자의 프롬프트나 입력을 기반으로 이러한 명령어를 자동으로 생성할 수 있다. 파이선(Python)은 2023년 기준 전 세계에서 가장 인기 있는 프로그래밍 언어다. 자바(Java) 또는 자바스크립트(Javascript)란 웹페이지에 복잡한 기능을 구현할 수 있는 스크립트 또는 프로그래밍 언어로, 웹페이지가 적시에 콘텐츠 업데이트, 대화형 지도(interactive map), 애니메이션 2D/3D 그래픽을 시현하고 비디오 주크박스(video jukeboxe)를 스크롤하는 등, 정적인 정보를 표시하는 것 이상의 기능을 웹페이지에 구현할 때마다 거기에는 자바스크립트가 관여하고 있을 가능성이 크다. 자바스크립트는 정적 콘텐츠를 넘어 웹페이지에 상호 작용성을 제공한다. 프로그래밍 언어란 프로그램을 개발할 때 사용하는 도구를 말한다. 즉, 프로그래밍 언어는 인간이 원하는 것을 컴퓨터가 실행하도록 컴퓨터가 이해할 수 있게 개발한 언어를 말한다.

생성형 AI는 대량의 데이터로부터 학습하고, 인간의 입력이나 프롬프트(prompt)를 기반으로 콘텐츠를 생성한다. 생성형 AI는 작업을 자동화하고 한층 더 부가 가치가 높은 작업을 위한 시간을 확보할 수 있다. 프롬프트는 예를 들면 AI를 이용하는 사람이 필요한 응답을 얻기 위하여 생성형 AI의 선두 주자인 챗GPT(Chat GPT: Chat Generative Pre-trained Transformer)의 입력 창에 질문하는 내용이다. 다시 말하면, 프롬프트는 AI 이용자가 원하는 응답을 얻기 위하여 AI에게 질문, 지시, 또는 주문하는 내용인데 그 형태는 텍스트, 질문, 정보, 코딩 등 다양하다. 프롬프트를 어떻게 작성하느냐에 따라 생성형 AI로부터 다양한 응답을 얻을 수 있다.

챗GPT는 AI 연구 회사인 오픈AI(Open AI)가 개발했다. 이는 AI 챗봇(chatbot) 기술로, 우리의 자연스러운 인간 언어를 처리하고 응답을 생성한다. 간단히 말해, 챗GPT에 질문을 하면 답변을 얻을 수 있다. 챗봇은 최종 사용자와의 인간 대화를 시뮬레이션하는 컴퓨터 프로그램이다. 모든 챗봇에 AI가 탑재된 것은 아니지만, 최신 챗봇은 사용자 질문을 이해하고 이에 대한 응답을 자동화하기 위해 자연어 처리(natural language processing, NLP)와 같은 대화형 AI 기술을 점점 더 많이 사용하고 있다. 자연어 처리는 인간의 언어를 컴퓨터에 인식시키는 기술로, 컴퓨터가 인간의 언어를 이해하고 처리하는 기술로도 이해할 수 있다.

오픈AI는 AI 연구를 주도하고 AI의 장기적인 이점을 추구하기 위해 설립된 연구 기반의 비영리 조직이다. 오픈AI는 전기 자동차 제조업체 테슬라의 창업자인 일런 머스크(Elon Musk) 등에 의해 2015년에 창립됐으며 특히, 2018년 오픈AI가 발표한 지피티투(GPT-2)는 자연어 처리 분야에서 큰 주목을 받았다. 지금은 지피티 포 옴니(GPT-4o)까지 공개돼 이용되고 있는데 이것은 비언어적 요소를 해석하고, 감정을 반영한 응답도 하며, 대량의 데이터를 처리할 수 있다.

여기서 "감정을 반영한 응답"은 지피티 포 옴니가 받은 입력이나 프롬프트를 기반으로 기쁨, 슬픔, 공감 또는 흥분과 같은 다양한 감정을 반영하는 응답을 생성할 수 있음을 의미한다. 이 기능을 통해 AI는 대화나 시나리오의 감정적 톤에 더 잘 맞는 방식으로 응답을 조정할 수 있다. 예를 들어, 어려운 주제에 대한 토론 중에는 공감하고 지지하는 응답을 제공하고, 긍정적인 뉴스를 축하할 때는 열정적이고 쾌활한 답변을 제공한다. 이러한 능력 덕분에 AI가 수행하는 상호 작용의 질이 향상되고, AI의 의사소통이 인간과 비슷하고 정서적으로도 민감하게 느껴지게 되면서, 생성형 AI의 업데이트된 버전은 고객 서비스, 정신 건강 지원 또는 창의적 글쓰기와 같은 분야에서도 유용하게 사용될 수 있다.

AI가 불러일으키는 저널리즘 혁신의 바람

저널리즘의 혁신이 다시금 최대의 화두가 되었다. 뉴스의 생산 · 소비 방식을 근본적으로 재창조해야만 한다는 혁신적 아이디어는 2010년대 중반에 절정에 달했으나, 그 후 점점 시들해져 버렸다. 그저 점진적인 변화, 피상적인 아이디어만 거론되고, 때로는 '혁신 피로(innovation fatigue)'의 증상마저 나타났다.

그러나 2022년 11월 말 챗GPT가 출시되면서 저널리즘 생태계 내에서 AI 기반 혁신에 대한 관심이 다시 높아졌다. 챗GPT가 저널리즘을 바꿔 놓을 명백하고도 엄청난 영향력이 입증되었고, 이제 거의 모든 뉴스룸에서 AI 기반 혁신이 고위 경영진의 시급한 초점이 되었다. 뉴스 업계 전체가 스스로에게 '다음 단계는 무엇일까'를 묻고 있다.

저널리즘 분야의 많은 사람에게 2023년 상반기는 질문을 던지고 AI의 기본을 배우는 시기였다. 챗GPT는 실제로 무엇을 할 수 있을까? 생성형 AI란 무엇인가? 언어 모델(language model)이란 또 무엇인가? 프롬프트는 무엇일까? 이러한 AI 도구는 얼마나 신뢰할 수 있을까? 이 도구를 사용하려면 어떤 종류의 기술이 필요할까? 이 기술은 얼마나 빠른 속도로 고도화될까? 위험은 무엇인가?

이 중 얼마나 많은 것이 괜한 흥분일까?

여기서 언어 모델이란 이전에 나온 단어를 기반으로 텍스트의 다음 단어 또는 단어의 연결을 예측하도록 훈련된 AI 시스템이다. 이 기술은 타이핑할 때 텍스트를 예측하는 기능과 유사하다. 대형 언어 모델(large language model, LLM)도 언어 모델을 사용하여 방대한 양의 데이터를 처리하는 정교한 시스템인데 챗GPT가 그 대표적인 예다. 이러한 모델은 수십억 개의 매개 변수(parameter)와 함께 작동하므로 패턴을 분석하고 수신된 입력을 기반으로 일관된 텍스트 응답을 생성할 수 있다.

많은 언론사가 직원과 시청자에게 생성형 AI를 업무의 흐름과 뉴스 제작에 어떻게 통합할 계획인지에 대한 입장이나 지침을 발표함으로써, AI 기술을 언론사의 운영에 통합하는 데에서 한 걸음 더 나아갔다. 일부는 심지어 챗GPT에서 생성한 기사를 게재하는 실험을 하기도 했다. 그러나 이러한 기술을 일상적인 뉴스룸 운영에 완전히 통합하기 위한 일관되고 실용적인 움직임을 보인 경우는 거의 없다. 변화는 분명하지만 구체적인 조치는 아직 부족하다.

AI 시대에 신속히 적응하는 아시아, 중동, 남미의 온라인 언론사들

AI 시대에 신속히 적응하는 언론은 주로 온라인으로 설립 · 운영되며 작은, 흔히 스타트업과 유사한 뉴스 조직들이다. 이러한 언론사의 뉴스룸은 민첩성, 혁신성, 그리고 제한된 자원으로 운영되는 반면에 AI와 같은 새로운 기술을 곧잘 수용하여 콘텐츠를 제작하고 시청자의 참여를 유도하는 것이 특징이다.

특히 디지털 우선 모델(digital-first model)이 더 일반적인 아시아, 중동, 라틴 아메리카와 같은 지역의 온라인 언론사들이 AI 저널리즘에 접근하는 방식에서 대담하고 적응력이 뛰어나며 창의적인 의지를 보인다. 디지털 우선 모델은 인쇄물이나 방송과 같은 전통적인 미디어에 초점을 맞추기보다는 웹사이트, 앱, 소셜 미디어와 같은 디지털 플랫폼용 콘텐츠를 제작하고 배포하는 데에 우선순위를 두는 뉴스 조직을 의미한다. 이러한 모델은 주로 디지털 수단을 통해 시청자와 소통하도록 설계되었으며, 흔히 온라인 소비에 맞게 콘텐츠를 최적화하기 위해 새로운 기술, 데이터 분석과 소셜 미디어 전략을 수용한다. AI 시대를 맞이하여 디지털로 전환하기 위해 애쓰는 기존 미디어 매체와 달리, 디지털 우선 언론사는 처음부터 온라인 세계를 염두에 두고 구축되므로 빠르게 변화하는 기술 환경에 적응하는 데에 훨씬 더 유연하고 혁신적이다.

기존 미디어와 달리 디지털 우선 미디어는 기존 인프라의 제약을 받지 않으므로 비디오, 상호 작용에 친화적인 스토리, AI가 생성한 콘텐츠와 같은 형식을 더욱더 민첩하고 실험적으로 사용할 수 있다. 이런 언론사들은 빠르게 변화하는 독자와 시청자의 디지털 습관에 맞게 구축되었으며, 흔히 실시간 업데이트, 멀티미디어 형식, 데이터 기반 저널리즘에 중점을 둔다.

모바일 · 인터넷 사용량이 많은 아시아, 중동, 라틴 아메리카와 같은 지역에서는 주로 모바일과 디지털 채널을 통해 뉴스를 소비하는 온라인 고객층이 빠르게 성장하고 있기 때문에, 이런 지역의 디지털 우선 미디어가 AI 저널리즘에 신속히 적응하는 것은 자연스러운 현상이기도 하다. 한국의 경우 얼마 전까지만 해도 네이버와 같은 포털 사이트를 통해 뉴스를 소비하는 사람들이 가장 많았으나, 최근 들어서는 네이버보다 유튜브에서 뉴스를 소비하는 사람들이 훨씬 더 많아졌다. 특히, 젊은 계층이 그러하다.

뉴스룸의 업무 흐름을 개선하는 AI

AI 기술이 발전하고 있는 빠른 속도를 고려할 때, 저널리즘에서 AI를 사용하는 것에 대한 의견이나 관점은 예외 없이 불확실하고, 확립된 사실이 아닌 예측에 근거한다. AI 기술은 빠르게 발전하고 있기 때문에 AI의 전체 영향력이나 미래 역량을 정확하게 예측하기는 어렵다. 따라서 AI가 뉴스 생산과 소비를 어떻게 재편할 것인지에 대한 관점에는 구체적인 증거나 장기 데이터가 아닌 어느 정도의 추측이나 정보에 입각한 가정이 포함된다. 그러나 AI가 저널리즘에 영향을 끼칠 수 있고, AI를 저널리즘에 응용할 수 있다는 것은 이제 어느 정도 분명해졌다.

뉴스룸에서 챗GPT가 할 수 있는 콘텐츠 요약이나 언어 간소화와 같은 기능의 목록을 작성하는 것은 비교적 간단하다. 그러나 생성형 AI로 무엇을 달성하려고 하는지, 왜 달성하려고 하는지, 일상적인 뉴스룸 운영에서 어떻게 AI의 사용을 대규모로 현실적으로 구현할 수 있을지, 그리고 앞으로 몇 달 또는 몇 년 동안 AI가 경쟁 환경을 빠르게 근본적으로 바꾸어 가게 될 상황에서도 이러한 전략이 계속 현실성을 유지할지 여부 등을 명확하게 식별하는 것은 훨씬 더 어렵다.

언론사는 어떻게 생성 AI를 활용하여 업무의 흐름을

개선하고, 새로운 콘텐츠를 만들고, 점점 더 AI 중심이 되는 미디어 환경에서 차별화할 수 있을까. 우선 AI는 콘텐츠 제작 자동화와 같이 뉴스룸 운영의 효율성과 생산성을 증대할 수 있다. 구체적으로는 콘텐츠를 생산하고 조직하는 데에 필요한 수작업을 줄이고, 전형적으로 시간과 노력을 요구하는 일들의 처리 속도를 높이고, 오류를 줄이고, 뉴스 제작에 필요한 자원을 최적화하는 것이다.

예를 들어, 작성된 콘텐츠를 정교화 · 고급화하는 데에 AI 도구를 사용할 수 있다. 여기에는 문법 수정, 문장 구조를 세련되게 바꾸는 것, 대체 문구 제안, 또는 텍스트의 톤을 조정하는 것이 포함된다. '텍스트 톤 조정'은 목표로 삼은 독자나 기사의 목적에 더 잘 맞도록 글의 스타일이나 뉘앙스를 수정하는 것을 의미한다. 톤은 문맥에 따라 사무적이고 전문적인 것부터 가벼운 읽을거리, 글, 심지어 유머러스한 것까지 다양하다. 여기에는 우선 AI는 'can't'와 같은 축약형 표현을 없애고 속어를 피하며 한층 더 정교한 어휘를 사용하여 텍스트를 더욱더 세련되고 전문적으로 만들 수 있다. 또한 쉬운 용어와 짧은 문장과 독자 친화적 표현으로 마치 대화하는 느낌을 주는 텍스트로 고칠 수도 있다. 그런가 하면 콘텐츠가 열광적이거나 동정적이거나 권위적으로 들릴 필요가 있는 경우, AI는 이러한 감정을 반영하는 단어 선택과 문장 구조를 제안하기도 한다. 기업 보고서이든, 블로그 게시물이든, 고객 서비스 응답이든 간에, AI는 어조(tone)를 조정함으로써, 글이 대상 고객에게 공감을 불러일으킬 수 있도록 지원한다.

그뿐만 아니라 뉴스 기사 작성을 위한 정보 수집의 반복적이거나 시간이 오래 걸리는 작업은 AI를 사용하여 처리할 수도 있다. 먼저 AI는 대용량 보고서, 연구 논문 또는 뉴스 기사를 신속하게 요약하여 기자가 관련 정보를 한층 더 효율적으로 찾을 수 있도록 지원한다. 또한 AI 도구는 방대한 양의 텍스트나 데이터를 스캔하여 기자가 보도에 사용할 수 있는 특정 사실, 통계 또는 패턴을 추출할 수 있다. AI는 역사적 맥락, 관련 뉴스 소스 또는 이전 이야기의 분석을 신속하게 제공하는 데도 도움을 준다. 이러한 작업을 자동화함으로써 AI는 연구 프로세스를 가속화하고 기자가 자신의 이야기를 해석하고 가장 적합한 이야기의 전개 방식을 선택할 수 있도록 지원한다. 요컨대 AI는 기자가 기사를 다듬는 데에 걸리는 시간을 줄여 상위 수준의 편집 작업에 집중할 수 있다. 그러나 이러한 전략만으로는 미디어 환경이 AI와 함께 진화함에 따라 경쟁력을 유지하기에는 충분하지 않다.

AI를 활용한 언론사의 차별화 전략

언론사는 AI 도구를 활용하여 콘텐츠의 제작과 유통 과정 전반에 걸쳐 차별화 전략을 구사할 수 있다.

우선 생성형 AI를 통해 더 많은 독자나 시청자에게 어필할 수 있는 새로운 콘텐츠를 개발하고, 그들이 새로운 방식으로 AI가 생성한 콘텐츠와 상호 작용하고 소비하도록 지원할 수 있다. 예를 들어, AI는 독자가 원하는 형식의 콘텐츠를 맞춤형으로 제공할 수 있는데, 거기에는 요약된 기사, 쉬운 언어, 또는 기사를 오디오로 변환하는 것처럼 콘텐츠의 형식을 조정하는 것이 포함된다. 여기에는 사용자가 자신의 경험을 맞춤화하거나 개인화할 수 있도록 제공하는 기능과 옵션이 포함된다. 그 목표는 콘텐츠를 더 매력적이고 접근하기 쉽게 만듦으로써, 사용자가 뉴스를 경험하고 상호 작용하는 방식을 개선하는 것이다. 또한 배경지식이나 더 상세하거나 기술적인 콘텐츠에 참여할 시간이 없는 독자들이 기사를 더 명확하고 소화하기 쉽게 하는 데에 목표가 있다. 이를 통해 개인이 자신의 선호도에 가장 적합한 형식과 난이도를 선택할 수 있어 전반적인 만족도가 향상된다. 이는 특히 콘텐츠가 다양한 읽기 수준이나 선호도를 가진 다양한 인구 통계학적 그룹에 도달할 수 있게 하는 데에 도움이 된다.

커뮤니케이션 전략도 중요하다. 언론사는 직원, 이해관계자, 대중에게 AI 전략을 명확하게 정의하고 전달하는 동시에, AI를 활용하여 저널리즘을 혁신할 때는 여전히 유연하고 개방적이어야 한다. 소통의 문제가 발생하여 혁신이 방해받는 일이 없도록 조심하지 않으면 안 된다. 아울러 AI 기반 정보 환경에서 경쟁력을 유지하려면 뉴스 조직이 즉각적인 운영 효율성을 달성하는 것과, 장기적 성공을 보장할 혁신을 이룩하는 것 사이에서 균형을 잡아야 한다.

나아가 언론사는 생성형 AI를 뉴스룸의 일상적인 운영에 가장 효과적인 방법으로 통합할 필요가 있다. 그 방법에는 작업을 자동화하거나 콘텐츠 제작을 강화하거나 업무의 흐름을 간소화할 특정 AI 기반 도구 또는 시스템을 선택하는 것이 포함된다. 편집의 기준이나 콘텐츠의 품질을 손상하지 않으면서 생성형 AI를 효율적이고 의미 있게 사용할 수 있도록 뉴스룸의 목표에 부합하는 AI의 실용적인 적용에 중점을 두어야 한다.

AI를 뉴스룸에 통합하는 방법으로는 첫째, 처음에는

독자에게 직접 보이지는 않지만 기자가 더 효율적으로 일할 수 있도록 돕는 게 가능하다. 예를 들어 기사 제목 뽑기, 검색 엔진 최적화(search engine optimization, SEO)의 개선과 같은 내부 작업에 AI를 사용하는 것이 바람직하다. 이처럼 뉴스룸의 운영을 개선하는 데에 초점을 맞춘 AI의 적용은 위험도가 낮다. 검색 엔진 최적화는 검색 엔진의 검색 결과에서 콘텐츠의 가시성을 개선하는 데에 도움이 되는 추천을 AI가 제공하는 것을 의미한다. 웹페이지나 기사의 다양한 요소를 조정해 구글과 같은 검색 엔진에서 더 높은 순위를 차지할 가능성을 높인다. AI는 콘텐츠를 분석하고 검색 엔진 알고리듬(algorithm)에 맞는 변경 사항을 제안하여 더 많은 독자를 유치할 수 있다. AI 알고리듬은 AI의 중추로, 기계가 인간과 유사한 지능을 시뮬레이션하고 복잡한 작업을 자율적으로 수행할 수 있도록 지원한다. 이러한 알고리듬은 계산 기술을 활용하여 데이터를 처리하고 의미 있는 통찰력을 추출하며 정보에 입각한 의사 결정을 내리도록 돕는다.

둘째, 언어 작업 프로젝트(language task project)다. 이러한 프로젝트는 새로운 콘텐츠를 만들지 않고 기존 텍스트를 수정하거나 형식을 변경한다. 예를 들어 기사를 요약하거나, 또는 독자와 플랫폼에 맞추어 기사를 다양한 스타일로 다시 쓰는 것이다. 따라서 AI가 생성한 원본 콘텐츠에 비해 위험이 낮다. 이러한 유형의 프로젝트는 이미 존재하며 팩트가 체크된 정보를 가지고 작업하기 때문에 위험이 낮은 것으로 간주한다. AI가 완전히 새로운 콘텐츠를 생성할 경우 오류, 편향 또는 잘못된 정보를 유발할 수 있는데, 이러한 유형의 언어 작업 프로젝트에서는 그런 문제가 발생할 가능성이 줄어든다.

셋째, 조직 구조다. AI 저널리즘 시대의 뉴스룸은 더 자립적이고 팀 중심이 되어 적응할 필요가 있다. 조직의 다른 부분에 대한 의존도를 최소화하는 가운데 의사 결정을 내리고 업무를 수행할 수 있는 더 작고 독립적인 팀에 AI가 권한을 부여하도록 하는 것이 바람직하다.

넷째, 지식 작업 프로젝트(knowledge task project)다. 여기에는 AI의 언어 모델을 기반으로 새로운 콘텐츠를 생성하는 것이 포함되지만, 잠재적인 오류나 편향으로 인해 더 높은 위험이 따른다.

다섯째, 매체 간 변환 프로젝트(medium-to-medium transformation project)다. AI를 통해 인쇄물 텍스트를 오디오 또는 비디오로 변환하는 등 한 형식에서 다른 형식으로 콘텐츠를 변환함으로써, 다양한 형태의 미디어를 통해 뉴스가 전달되고 소비되는 방법을 넓힐 수 있다.

여섯째, 청취 · 모니터링 프로젝트(listening and monitoring project)다. AI 도구는 뉴스룸이 대량의 콘텐츠를 추적하고 분석하는 데에 도움이 되며, 수동으로 할 때보다 훨씬 더 큰 규모로 관련 정보를 모니터링하고 보도함으로써 취재 보도 기능을 크게 개선할 수 있다.

그러나 AI 모델 개발에는 어려움이 따른다. 많은 뉴스룸이 기술적 문제, 높은 비용, 기술 기업과의 경쟁으로 인해 자체 언어 모델을 만드는 데에 어려움을 겪을 수 있다. 먼저 AI 언어 모델을 개발하려면 기계 학습(machine learning), 데이터 과학(data science)과 AI 인프라에 대한 고급 전문 지식이 필요하며, 많은 뉴스룸에는 이러한 것들이 부족할 수 있다. 기계 학습은 AI와 컴퓨터 과학의 한 분야로, 데이터와 알고리듬을 사용하여 AI가 인간이 학습하는 방식을 모방하여 점차 정확도를 높이는 데에 중점을 둔다. 데이터 과학은 수학 · 통계, 전문 프로그래밍, 고급 분석, AI · 기계 학습과 특정 주제 전문 지식을 결합하여 조직의 데이터에 숨겨진 실행 가능한 통찰력을 발견한다. 이러한 통찰력은 의사 결정과 전략 계획을 안내하는 데에 사용할 수 있다.

또한, 언론사가 자체 언어 모델을 만들고 유지하려면 하드웨어 · 소프트웨어와 숙련된 전문가 인건비를 포함한 상당한 재정적 투자가 필요하므로 소규모 또는 자원이 부족한 뉴스룸이 경쟁하기 어렵다. 그뿐만 아니라 오픈AI, 구글, 마이크로소프트와 같은 거대 기술 기업들은 이미 최첨단 AI 모델 구축에 막대한 투자를 하고 있다. 이러한 기업들은 막대한 자원, 데이터, 인재에 접근할 수 있기 때문에, 그러한 거대 기술 기업과의 경쟁에서 뉴스룸이 모델의 정교함과 효율성을 맞추기 어렵다. 근본적으로 언론사들은 기술과 재정의 장벽, 그리고 AI 분야에서 기존 기술 기업의 지배력을 고려할 때 자체 AI 모델을 개발하고 유지하는 것이 어려울 수 있다. 그리고 뉴스 아카이브와 상호 작용하는 챗봇을 개발하는 것은 아주 어렵고, 특히 챗GPT와 같은 고급 AI 모델과 동일한 수준의 성능을 달성하는 데는 상당한 어려움이 따른다. 챗봇은 최종 사용자와의 인간 대화를 시뮬레이션하는 컴퓨터 프로그램이다. 모든 챗봇에 AI가 탑재된 것은 아니지만, 최신 챗봇은 사용자 질문을 이해하고 이에 대한 응답을 자동화하기 위해 자연어 처리와 같은 대화형 AI 기술을 점점 더 많이 사용하고 있다. 자연어 처리는 컴퓨터 과학 · AI의 하위 분야로, 기계 학습을 사용하여 컴퓨터가 인간의 언어를 이해하고 소통할 수 있도록 지원한다.

참고문헌

Caswell, D.(2023.9.19). AI and journalism: What's next?. https://reutersinstitute.politics.ox.ac.uk/news/ai-and-journalism-whats-next

Heravi, B.(2024.5.29). Unpacking practical AI applications in news. https://reutersinstitute.politics.ox.ac.uk/calendar/unpacking-practical-ai-applications-news

Newman, N.(2024.1.9). Journalism, media, and technology trends and predictions 2024. https://reutersinstitute.politics.ox.ac.uk/journalism-media-and-technology-trends-and-predictions-2024

Nielsen, R.(2024.3.26.) How the news ecosystem might look like in the age of generative AI. https://reutersinstitute.politics.ox.ac.uk/news/how-news-ecosystem-might-look-age-generative-ai

Seward, Z.(2024.3.13). AI news that's fit to print: The New York Times' new AI leader on what this powerful tech can do for journalism. https://reutersinstitute.politics.ox.ac.uk/news/ai-news-thats-fit-print-new-york-times-new-ai-leader-what-powerful-tech-can-do-journalism

Schellmann, H.(2024.2.14). Methodologies for tracking and reporting AI. https://reutersinstitute.politics.ox.ac.uk/calendar/methodologies-tracking-and-reporting-ai

01
AI와 취재

종래에는 기자가 기사를 쓰기 위해 취재를 하려면, 수많은 출처를 조사하고 인터뷰를 수행하고 사실을 확인하고 추세를 분석해야 했다. 그러나 AI의 출현으로 이러한 노동 집약적인 프로세스는 크게 변화되어 더 빠르고 효율적이며 데이터 중심인 방식으로 바뀌었다. 이 장에서는 AI 출현 전후에 취재의 방식이 어떻게 변화했는지, 또한 다양한 유형의 기사 작성에 AI가 도움이 되는 구체적인 방법을 살펴본다.

AI와 1인 창업?

AI가 등장하기 전 취재

AI가 신문사의 편집국이나 방송사의 보도국과 같은 뉴스룸의 일부가 되기 전에 언론인들은 자료를 수집하는 전통적인 방법에 의존했다. 이러한 방법은 주로 다음 단계를 포함하여 수동적이고 노동 집약적이며 시간 소모적이었다.

즉, 기사를 쓰기 위한 자료를 수집하는 가장 일반적인 방법 중 하나는 직접 인터뷰, 전화 통화, 현장 보고를 통한 것이었다. 언론인들은 취재원과 관계를 구축하고, 기자 회견에 참석하고, 사건 현장에 가서 조사해야 했다. 이를 위해서는 시간뿐만 아니라 주요 인물과 위치에 대한 접근도 필요했다.

또한, 기자들은 책, 학술 논문, 정부 보고서, 뉴스 아카이브를 읽음으로써 정보를 수집했다. 이 과정은 조사 기사의 경우 며칠 또는 몇 주가 걸릴 수 있다. 뉴스룸은 흔히 수많은 정기 간행물을 구독하고 기자들이 사용할 수 있는 광범위한 라이브러리를 유지 관리했다.

탐사 보도(investigative reporting) 또는 공익 기사(public interest story)의 경우 언론인은 공공 기록에 대한 정보 공개를 요청했다. 데이터가 도착하는 데에 몇 주가 걸리는 경우가 흔했고, 많은 양의 문서를 살펴보는 것은 지루한 일이었다.

그런가 하면 제보된 정보의 정확성을 위해 다수의 출처와 전문가 컨설팅, 공식 채널을 통한 자료 검증 등을 활용하여 확인했다. 사실 확인은 세부 사항에 세심한 주의가 필요한 느린 프로세스였다.

이러한 방법을 통해 언론인은 잘 조사된 기사를 작성할 수 있었지만, 그 과정은 느리고 정보에 대한 제한된 접근이나 시간 제약(특히 24시간 뉴스 주기의 경우)으로 인해 자주 방해를 받았다.

AI 등장 이후 취재 방식

AI가 저널리즘에 통합되면서 기자가 자료를 수집하는 방식에 큰 변화가 생겼다. AI 도구는 정보 수집에 필요한 시간을 획기적으로 단축했으며 언론인이 대규모 데이터 세트를 분석하고 기사에 대한 더 깊은 통찰력을 얻는 것이 더 쉬워졌다. AI가 프로세스를 재구성한 방법은 다음과 같다.

첫째, 자동화된 데이터 수집 · 분석이다. AI는 뉴스 기사, 소셜 미디어 게시물, 연구 논문을 포함한 방대한 양의 디지털 콘텐츠를 몇 초 내에 스캔할 수 있다. 자연어 처리(natural language processing, NLP)와 같은 도구를 사용하면 AI가 정보의 맥락을 이해하여 수많은 데이터를 효율적으로 분류하고 가장 관련성이 높은 자료를 추출할 수 있다.

둘째, 실시간 모니터링이다. AI는 여러 플랫폼에서 실시간 이벤트를 추적할 수 있다. 뉴스룸은 이제 AI를 사용하여 소셜 미디어 동향, 보도 자료, 속보 등 실시간 정보 흐름을 모니터링한다. 이를 통해 언론인은 적시에 최신 정보를 받을 수 있어 기사 개발에 앞서 나갈 수 있다.

셋째, 패턴 인식과 예측 분석이다. 대규모 데이터 세트에서 패턴을 인식하는 AI의 능력은 언론인이 정치, 경제, 사회 문제의 추세를 파악하는 데에 도움이 된다. 예측 분석을 통해 AI는 미래 추세나 결과를 제안할 수 있으며, 이를 통해 기자는 수동 조사를 통해서는 바로 알아낼 수 없는 새로운 주제나 쟁점을 식별할 수 있다.

넷째, 자동화된 사실 확인이다. AI 도구는 다양한 데이터베이스와 취재원의 제보를 상호 참조하여 정확성을 거의 즉각적으로 확인할 수 있다. 이를 통해 수집된 자료의 오류가 없음을 보장하는 과정이 신속하게 진행됨으로써, 정확한 기사를 촉박한 마감 기한 안에 써낼 수 있다.

다섯째, 정서 · 담론 분석이다. AI는 특히 소셜 미디어 플랫폼에서 대중 담론의 어조와 정서를 분석할 수 있으며, 이는 사회 현상과 여론에 대한 자료를 수집하는 데에 매우 중요하다. 이를 통해 저널리스트는 특정 주제나 사건을 둘러싼 분위기를 이해하고 이에 따라 기사를 맞춤화할 수 있다.

≪워싱턴포스트≫의 AI 활용 취재

미국의 수도 워싱턴에서 발행되는 저명 일간지인 ≪워싱턴포스트(Washington Post)≫에는 사내 로봇 기자 헬리오그라프(Heliograf)가 있는데, 2016년 하계 올림픽과 2016년 미국 선거를 취재해 그 유용성을 입증했다. 2018년에 헬리오그라프 덕분에 ≪워싱턴포스트≫는 빅데이터와 AI 사용의 성과를 인정하는 연례 글로벌 비기스 상(Global Biggies Awards)에서 로봇 사용 우수성 부문을 수상했다. 기자들을 불안하게 하기라도 하듯 컬럼비아 대학교 퓰리처 홀에서 비기스 시상식이 열렸다.

≪워싱턴포스트≫의 전략 계획 이사인 길버트(Jeremy Gilbert)는 특정 지역의 독자들이 관심을 보이는 그 지역의 선거 판세를 취재 보도하는 데에도 AI를 사용했다고 말했다. 이른바 지역 타기팅(geo-targeting)이다. “국내 또는 국제적으로 뻗어 나가는 매체를 이야기하기 시작

하면 소규모 커뮤니티의 이야기에 관심이 있는 독자의 관심을 잃을 위험이 있다"라고 길버트는 말했다.

≪워싱턴포스트≫의 헬리오그라프는 AI 기술을 활용해 2016년 리우 올림픽의 경기 일정, 결과, 메달 집계 등을 자동으로 채워 넣었다. 헬리오그라프는 독자를 위해 짧지만 여러 개의 문장으로 된 최신 정보를 자동으로 업데이트한다. 이러한 업데이트는 실시간으로 업로드되는 ≪워싱턴포스트≫의 블로그, 트위터, 대화용 AI 플랫폼에 제공됨으로써, 독자들이 올림픽이나 선거에 관한 최신 정보에 접근할 수 있게 한다. 예를 들면, 독자들은 ≪워싱턴포스트≫의 대화용 AI 플랫폼(Alexa)에 "한국이 얼마나 많은 메달을 획득했는지 알려 줘!"라고 요청할 수 있다.

길버트는 "올림픽은 헬리오그라프의 잠재력을 입증한 완벽한 경우다. 2014년에 스포츠 직원은 수동으로 경기 결과를 게시하는 데에 셀 수 없이 많은 시간을 보냈다. 헬리오그래프 덕분에 기자와 편집자들은 이제 단순한 경기 결과 보도가 아니라, 오직 사람이 할 수 있는 차원 높은 분석, 현장의 분위기, 훈훈한 휴먼 스토리에 대한 생생한 통찰력을 추가할 수 있었다"고 말한다. 그는 이어 "이와 같이 자동화된 스토리텔링은 앞으로 보도의 내용과 방법을 완전히 바꾸어 놓을 가능성이 있다. 데이터와 기계 학습(machine learning)을 기반으로 하는 더 많은 기사는 훨씬 더 개인화되고 맞춤화된 뉴스 경험으로 이어질 것이다"라고 말한다. 기계 학습은 인공지능의 연구 분야 중 하나로, 인간의 학습 능력과 같은 기능을 컴퓨터에서 실현하고자 하는 기술 · 기법이다.

헬리오그라프는 범죄 · 부동산 수치와 같은 다양한 데이터 소스의 조합(組合, combination)을 처리(process)하고, 데이터에서 변칙적인 부분을 찾아 저널리스트에게 새로운 기사의 아이디어를 제공할 수도 있다. 아울러 기사의 다양성을 증대하고 분석의 깊이도 더해 주게 된다.

2020년 선거에서 ≪워싱턴포스트≫는 헬리오그라프 기술을 활용하는 팟캐스트를 통해 청중에게 선거 결과를 더 신속하게 제공할 수 있었다. 최종 선거 결과가 나오기까지는 며칠 또는 심지어 몇 주가 걸릴 수 있기 때문에, ≪워싱턴포스트≫는 11월 4일부터 팟캐스트를 통해 하원 · 상원 · 대통령 선거의 업데이트된 정보를 AI 음성 비서가 읽어 줌으로써, 독자들이 저마다의 관심 지역이나 인물을 검색하여 쉽게 접근할 수 있도록 오디오 서비스를 제공했다. ≪워싱턴포스트≫의 헬리오그라프는

2016년 선거일 밤에 500개 이상의 선거별 · 지역별 · 후보별 득표 상황을 다루었다. 그 이후로 고등학교 스포츠 보도와 댓글 조정을 포함한 추가적인 취재 보도 지원 작업을 수행했다.

≪블룸버그≫의 AI 활용 취재

기자와 편집자가 온라인과 오프라인 언론매체 모두에서 해고의 희생자가 되면서 기계를 통해 생성된 저널리즘이 증가하고 있다.

미국 뉴욕에 본사를 두고 있으며 금융 뉴스 · 정보를 제공하는 글로벌 매체인 ≪블룸버그(Bloomberg)≫는 자사가 독자들에게 제공하는 각종 회사들의 재무 보고서 취재를 자동화하는 사이보그(Cyborg)라는 시스템을 사용한다. ≪블룸버그≫가 게시하는 콘텐츠의 약 3분의 1은 어떤 형태로든 자동화된 기술을 사용한다. ≪블룸버그≫의 기자들은 분기마다 국내외 다양한 회사의 재무 보고서를 분석하는 기사를 수천 개씩 작성하는데, 이때 기자들에게 결정적 도움을 제공하는 것이 바로 사이보그다. 이 프로그램은 재무 보고서가 나타나는 시점을 포착하고, 가장 관련 있는 사실과 수치가 포함된 즉각적인 뉴스 기사를 내보낼 수 있다. 인간 기자들은 그런 재무 보고서 작성을 지루하고 흥미 없는 일로 여기지만, 사이보그 프로그램은 아무런 불평 없이 그 일을 해낸다. 지치지 않으면서도 정확한 사이보그는 ≪블룸버그≫가 비즈니스 금융 저널리즘 분야의 주요 경쟁자인 로이터와 속보 경쟁을 할 수 있도록 도움을 줄 뿐만 아니라, 최근에 정보 분야의 새로운 경쟁자로 등장한 헤지 펀드(hedge fund)와도 싸울 기회를 제공한다. ≪블룸버그≫의 편집장인 미클스웨이트(John Micklethwait)는 뉴스의 자동화 방면에서 "금융 시장은 다른 시장보다 앞서 있다"라고 말한다. 헤지 펀드는 소수의 투자자에게서 자금을 모집해 운영하는 펀드의 일종으로, 시장 상황에 개의치 않고 절대 수익을 추구한다. 거액의 자본 이득을 실현하기 위해 빌린 돈으로 투자하는 등 고위험 방법을 사용한다.

참고문헌

Newman, N. (2020). Executive summary and key findings of the 2020 report.
https://www.digitalnewsreport.org/survey/2020/overview-key-findings-2020/

Peiser, J.(2019.2.5). The rise of the robot reporter. *The New York Times,*
https://www.nytimes.com/2019/02/05/business/media/artificial-intelligence-journalism-robots.html

WashPostPR(2020.10.13). The Washington Post to debut AI-powered audio updates for 2020 election results. *The Washington Post*, https://www.washingtonpost.com/pr/2020/10/13/washington-post-debut-ai-powered-audio-updates-2020-election-results/

02
AI와 기사 작성

AI 이전에는 기자들이 수작업 조사, 집필, 편집 기술에만 의존했다. 오늘날 AI는 신문사 편집국이나 방송사 보도국과 같은 뉴스룸의 필수 도구가 되어, 언론인이 더 효율적으로 글을 쓰고 작업 흐름을 간소화하도록 도울 뿐만 아니라, AI가 스스로 기사를 생성할 수도 있다. 이 장에서는 AI 전후에 기사 작성이 어떻게 발전했는지, AI가 글쓰기 과정에 어떻게 기여하는지 살펴보고 AI가 생성한 기사와 AI-인간 협업의 실제 사례를 제공한다.

AI와 MBTI?

AI가 기사를 생성하는 시대

많은 언론사에서 AI가 기자들의 기사 작성을 돕거나, AI 스스로가 기사를 생성한다.

로봇 기자들은 미국의 최대 통신사인 AP(Associated Press)의 마이너 리그 야구 기사, ≪워싱턴포스트≫의 고교 미식축구 기사, 남부 캘리포니아와 전 세계의 뉴스를 전하는 언론 매체인 ≪LA타임스(Los Angeles Times)≫의 지진 기사를 다수 생산했다. 2019년 1월 말 영국의 신문사인 ≪가디언(The Guardian)≫의 호주판은 기계를 이용한 첫 번째 기사를 게재했다. 이 기사는 국가의 정당에 대한 연간 정치 기부금에 대한 설명이다. 그리고 미국의 경영 전문 잡지인 ≪포브스(Forbes)≫는 최근 기사 작성에 걸리는 시간과 노력을 줄이고자 기자들에게 기사 유형별 기사 초안과 스토리 템플릿(story template)을 제공하는 버티(Bertie)라는 도구를 테스트하고 있다고 발표했다.

AI가 인간 직원의 일자리를 위협하지는 않는다고 저널리즘 경영진은 말한다. 오히려 언론인들이 실질적이고도 창의적인 업무에 더 많은 시간을 할애할 수 있게 하고자 AI를 활용하고 있다는 것이다. AP의 뉴스 파트너십 이사인 깁스(Lisa Gibbs)는 "저널리즘의 작업은 창의적이다. 호기심과 스토리텔링, 정부의 책임을 파헤쳐서 묻고 비판적인 사고와 판단을 하는 것이다. 우리는 언론인들이 이런 일에 에너지를 소비하기를 원한다"고 말했다.

또한 AP, ≪워싱턴포스트≫, ≪블룸버그≫는 뉴스가 될 수 있는 파격적인 데이터가 등장하면 이를 알리기 위해 내부 경고를 설정하기도 했다. 그러면 경보를 본 기자들은 인간 기자가 쓸 더 큰 이야기가 있는지 판단할 수 있다. 예를 들어, 올림픽 기간에 ≪워싱턴포스트≫는 직장 메시징 시스템인 슬랙(Slack)에 알림을 설정하여, 경기 결과가 올림픽 세계 기록보다 10% 높거나 낮을 경우 편집자에게 알렸다.

AI 기반 저널리즘은 단순히 콘텐츠를 빠르게 생산하는 화려한 로봇에 관한 것이 아니다. 편집자와 작가가 가능한 다양한 결과에 대한 텍스트를 포함하여 여러 버전의 스토리를 신중하게 준비하는 데에 상당한 노력이 필요하다. 그런 준비가 되어 있을 때에만 날씨 이벤트, 야구 경기, 수익 보고서 등 데이터가 제공되었을 때 시스템에서 기사를 생성할 수 있다.

그러나 기계가 만들어 낸 이야기가 완벽하지는 않다. 예를 들어, 수익 보고서의 경우 실제 수치보다 더 유리한 이미지를 제공하기 위해 데이터를 조작하는 회사로 인해 소프트웨어 시스템은 어려움을 겪을 수 있다. ≪블룸버그≫의 기자와 편집자들은 사이보그가 그러한 전략에 속지 않도록 준비하기 위해 노력하고 있다. 미국 뉴욕에 있는 경영과 금융에 초점을 맞춘 신문사인 ≪월스트리트저널(Wall Street Journal)≫과 미국의 금융 뉴스 매체인 ≪다우존스(Dow Jones)≫도 기자들의 기사 작성을 지원하는 데에 필요한 AI 기술을 시험하고 있다. 예를 들면, 녹음 파일로 된 인터뷰 내용을 글자(text)로 옮기게 하거나, 매우 사실적인 AI 생성 가짜 이미지인 '딥페이크(deepfake)'를 저널리스트가 탐지하도록 지원하려고 하는 것이다. '딥페이크'라는 용어는 '딥러닝(deep learning)'과 '페이크(fake)'의 합성어다. 딥페이크는 알고리듬을 사용하여 원본 인물을 다른 사람, 특히 공인으로 대체하여 진짜처럼 보이도록 편집한 이미지, 비디오 또는 오디오 녹음을 말한다. 딥러닝은 인간 두뇌의 복잡한 의사 결정 능력을 시뮬레이션하기 위해 심층 신경망이라고 하는 다층 신경망을 사용하는 기계 학습의 하위 집합이다. 신경망(neural network)이란 인간의 두뇌와 유사한 방식으로 결정을 내리는 기계 학습 프로그램 또는 모델이다. 알고리듬(algorithm)이란 특히 컴퓨터에 제공되는 경우 문제에 대한 답을 계산하는 데에 도움이 되는 일련의 수학적 지침 또는 규칙을 말한다.

AP는 AI 저널리즘의 얼리 어답터

2014년 AP는 자동화된 콘텐츠 생성에 중점을 둔 기술 회사인 오토메이티드 인사이츠(Automated Insights)와 협력하기로 계약을 체결하였다. 오토메이티드 인사이츠는 연간 수십억 개의 기계 생성 스토리를 생성하는 언어 생성 소프트웨어 전문 기술 회사다. AP는 오토메이티드 인사이츠와의 협력을 통해 스포츠 경기 결과와 기업 실적 발표 기사 작성을 자동화하기 시작하였고, 그럼으로써 AI 저널리즘의 얼리 어답터가 되었다.

먼저 AP는 ≪블룸버그≫와 마찬가지로 소프트웨어를 사용하여 자사가 독자들에게 제공하는 각종 회사의 수익 보고서 기사의 범위를 확대했다. 오토메이티드 인사이츠와 협력한 이후 AP는 분기당 수익 보고서에 대한 기사를 300개에서 3,700개로 늘렸다. 미국의 비즈니스 소프트웨어 회사인 마이크로스트래티지(MicroStrategy)의 4분기 수익을 짧은 뉴스인 단신(短信)으로 보도한 AP 통신 기사를 보면, 그 하단에 "이 이야기는 잭스투자연구소(Zacks Investment Research)의 데이터를 사용해 오토메이티드 인사이츠에서 생성되었다"고 나온다. 잭스투

자연구소는 주식 추천, 수익 보고서, 시장 통찰력을 제공하는 미국의 선도적인 투자 조사 회사다.

또한 AP는 자연어 생성(natural language generation, NLG)을 통해 마이너 리그와 대학 스포츠 경기 스토리를 생성하였는데, 오토메이티드 인사이츠에 따르면 "AP는 자연어 생성을 사용해 2018년 시즌 동안 전국대학체육협회(National Collegiate Athletic Association, NCAA)의 대학 스포츠 빅 리그인 디비전 1(Division I)의 남자농구 예상 기사(preview)를 자동화함으로써, 기자들이 단순한 통계들을 분석해서 기사를 내보내는 데에 시간을 허비하지 않고, 좀 더 비판적이고 질적인 기사를 작성하는 데에 집중할 수 있도록 했다. 구체적으로는 5,000개 이상의 분기별 요약(recap) 기사가 생성되었고, 이전에 요약 기사를 작성하는 데에 소비했던 저널리스트의 시간을 20% 벌었다"고 한다. NCAA는 대학 운동 선수의 복지와 평생 성공을 위해 헌신하는 회원 주도 조직이고, NCAA 디비전 1은 NCAA가 승인한 최고 수준의 대학 간 운동 경기다. 이에 관련해 기사를 작성하는 데에 활용되었던 자연어 생성은 모든 산업과 응용 분야에서 데이터를 명확하고 인간적인 설명으로 변환하는 기술이다.

체육 기사에서 예상 기사 또는 미리보기는 다가오는

스포츠 이벤트에 대한 개요를 제공하는 기사, 보도 또는 방송을 의미하며 여기에는 다음과 같은 내용이 포함된다. 첫째, 팀 분석이다. 관련 팀 또는 플레이어의 분석, 그들의 최근 형태, 주요 플레이어와 전략을 분석한다. 둘째, 경기 예측이다. 경기 결과에 대한 전문가 의견 또는 통계적 예측을 제공한다. 셋째, 부상 업데이트다. 경기에 영향을 미칠 수 있는 부상을 입었거나 경기에 출전할 수 없는 선수에 대한 정보를 제공한다. 넷째, 우승의 의미 또는 라이벌과 같은 이벤트의 중요성에 대한 세부 정보를 제공한다. 이러한 예상 기사 또는 미리보기를 통해 팬들은 경기에 대해 무엇을 기대해야 하는지 이해하고 기대감을 형성할 수 있다.

체육 기사에서 요약은 스포츠 경기가 종료된 후 요약하거나 평가하는 것을 말하며 여기에는 다음과 같은 내용이 포함된다. 첫째, 주요 순간이다. 골, 터치다운 또는 결정적인 세이브와 같은 게임 내 중요한 플레이 또는 터닝 포인트에 대한 하이라이트를 제공한다. 둘째, 점수와 통계다. 최종 점수, 선수별 통계, 팀 성적 데이터와 기타 관련 수치를 제공한다. 셋째, 분석이다. 시합이 어떻게 전개되었는지, 사용된 전략, 뛰어난 플레이어에 대한 전문가 의견을 제공한다. 넷째, 경기 후 반응이다. 경기 결과에 대한 코치 · 선수 · 전문가의 코멘트를 제공한다. 요약 기사를 읽으면서, 독자나 시청자는 놓쳤을 수도 있는 경기나 스포츠의 주요 시합과 결과를 빠르게 파악할 수 있다.

이러한 스포츠 분야의 미리보기 또는 요약 기사 외에도 AP는 다양한 기사 작성에 AI 기술을 적용함으로써 AI 저널리즘의 선두 주자로 나설 수 있었던 것이다.

AI 저널리즘의 효과

AP는 AI를 취재와 기사 작성에 적극적으로 활용함으로써 여러 가지 실제적인 효과를 맛보게 되었다.

첫째, 기자들이 시간 제약에서 상당한 정도로 벗어나게 되었다. 수년 동안 AP의 언론인들은 충격적인 언론 기사에 집중할 시간이 거의 없었고, 그 대신에 분기마다 재무 보고서 기사를 작성하는 데에 많은 시간을 보냈다. 그 기간에 AP는 분기당 300개의 재무 보고서만 생성할 수 있었기 때문에 수천 개의 잠재적 회사 수익 보고서 기사가 작성되지 않았다. 미국에서 가장 인기 있는 일간지인 ≪USA 투데이(USA Today)≫의 기자 유(Roger Yu)는 데이터를 처리하고 촉박한 마감 기한에 쫓기는 이 시기를 "분기별로 비즈니스 기자들이 골머리를 앓는 시기"

라고 언급했다.

재무 기자와 유사하게 스포츠 기자는 대학 농구와 마이너 리그 야구 경기에 대한 예상 기사와 요약 기사를 작성하기 위해 박스 스코어와 시합 노트 더미를 분류하는 일을 담당했다. 오토메이티드 인사이츠를 채택하기 전에는 언론인들이 각 리그의 상위 팀에 대해 쓸 시간만 있었고 순위가 없는 팀들의 경기를 다룰 수 없었다.

둘째, 자동화된 기사의 생산량이 급증했다. AP가 처음 기사 자동화를 시작했을 때 목표는 기자들이 숫자보다는 미묘한 차이에 더 집중하여 언론사에 더 많은 가치를 제공하는 것이었다. 이제 몇 년 동안 파트너십을 맺고 오토메이티드 인사이츠의 도움으로 50,000개 이상의 기사가 자동화되었다. 자동화는 기자를 대체하지 않았지만 그 대신에 분기마다 수익 보고서를 작성하는 데에 걸리는 시간의 약 20%를 확보했다. 이는 조직 전체에서 정규직 직원 3명을 확보하는 것과 같다. 뉴욕에 본사를 두고 운영하는 미국 기술 뉴스 웹사이트인 더버지(The Verge)의 저널리스트인 밀러(Ross Miller)는 "컴퓨터가 아직까지는 저널리스트의 직업을 빼앗지 않고 있다. 대신, 그들은 기자들이 더 큰 그림에 대해 더 비판적으로 생각할 수 있는 자유를 주고 있다"고 말했다.

실제로 스탠포드와 워싱턴 대학 연구진의 연구에 따르면 오토메이티드 인사이츠의 기술이 주식 마케팅에 지대한 영향을 미친 것으로 나타났다. AP와 오토메이티드 인사이츠 간의 파트너십의 결과로 거래자들에게 거의 관심을 받지 못했던 수백 개의 회사가 이제 훨씬 더 많은 거래량과 유동성을 경험하고 있다. 이제 그것이 바로 자연어 생성의 힘이다!

참고문헌

AP(2023.2.3). MicroStrategy: Q4 earnings snapshot. https://apnews.com/article/earnings-2db1b9da3656171548d2d1edc84f1e57

Automated Insights. Blog on AP Workflow. https://www.statsperform.com/automated-insights/

Fletcher, R.(2024.2.22). How many news websites block AI crawlers?. https://reutersinstitute.politics.ox.ac.uk/how-many-news-websites-block-ai-crawlers

03
AI와 보도

AI 저널리즘 시대를 맞아 이미 뉴스가 보도되고 작성되고 소비되는 방식이 변화하고 있다. AI가 계속 발전함에 따라 뉴스 보도는 더 빠르고, 더 개인화되고, 더 효율적으로 되겠지만, 인간 저널리스트는 여전히 AI가 복제할 수 없는 깊이, 공감, 분석적 엄격함을 유지하는 데에 필수적인 역할을 할 것이다. 편집국과 보도국 같은 뉴스룸은 이 새로운 현실에 적응하여 AI의 강점을 활용하는 동시에 AI와 인간 창의성 간의 협력을 촉진하도록 재구성할 것이다.

AI와 난임 극복?

AI 시대에 일어나는 보도의 변화

AI 저널리즘 시대에 뉴스 보도의 핵심 측면은 상당한 변화를 겪고 있다.

첫째, 속도와 효율성이다. AI 도구를 사용하면 뉴스룸은 그 어느 때보다 빠르게 속보를 보도할 수 있다. AI는 방대한 양의 데이터를 실시간으로 수집 · 처리 · 분석할 수 있어 언론인은 사건 발생 후 몇 분 안에 기사를 작성할 수 있다. AI 시스템이 보도 자료, 소셜 미디어, 라이브 데이터 피드에서 빠른 보고서를 생성하여 격차를 메울 수 있기 때문에 뉴스 대행사는 이제 실시간 업데이트를 위해 인간 기자에게만 의존할 필요가 없다.

둘째, 더욱더 맞춤형인 콘텐츠 제공이다. AI를 통해 뉴스 매체는 콘텐츠를 개별 독자에게 특별히 맞춤화할 수 있다. AI는 사용자의 독서 습관, 검색 기록, 소셜 미디어 활동을 분석하여 사용자의 관심사에 맞는 뉴스 기사를 제안하여 더 개인화되고 매력적인 뉴스 경험을 제공할 수 있다. 이러한 수준의 개인화는 AI 기반 알고리듬이 출현하기 전에는 불가능했다.

셋째, 연중무휴 뉴스 주기 관리다. AI는 뉴스 소스, 소셜 미디어와 실시간 데이터 피드를 지속적으로 모니터링하여 전통적인 근무 시간 외에도 중요한 업데이트가 누락되지 않도록 보장함으로써 연중무휴 뉴스 주기의 요구를 충족할 수 있다. AI는 보도국이나 편집국 같은 뉴스룸에 인간 기자가 없어도 24시간 뉴스 보도를 가능하게 한다.

넷째, 데이터 중심 저널리즘이다. AI는 대규모 데이터 세트를 신속하게 분석하여 조사 보고를 향상한다. 언론인은 AI를 사용하여 재무 보고서, 정부 데이터, 사회적 추세에서 숨겨진 패턴을 찾아내고 고유한 통찰력을 제공하는, 더욱더 심층적이고 데이터가 풍부한 기사를 제공할 수 있다.

매체별 보도 방식의 변화

저널리즘 분야에서 AI의 등장으로 인하여 신문 · 방송 · 라디오 · 팟캐스트 등 다양한 미디어 플랫폼에서 콘텐츠가 생성되고, 그것은 다시 텍스트 · 오디오 · 비디오 · 인포그래픽 · 차트 등의 형태로 변환되며, 최종적으로 전달되기까지의 방식에 상당한 변화를 가져올 것으로 예상된다. 이러한 변화를 매체별로 살펴보자.

첫째, 신문이다. AI는 신문 기사가 작성되고 발표되는 방식에 영향을 미칠 것이다. AI는 실시간 데이터나 이벤트를 기반으로 더 짧은 실시간 뉴스 업데이트를 자동으로 생성할 수 있으며, 인간 기자는 심층 분석 · 의견에 집중할 수 있다. 형식은 AI가 자동으로 생성한 비디오, 인포그래픽, 차트와 같은 멀티미디어 요소를 통합하여 더욱더 소통이 용이하고 역동적인 콘텐츠로 전환될 것이다.

둘째, 방송과 텔레비전이다. AI는 실시간으로 오디오나 비디오를 텍스트로 바꾸는 변환 작업, 분석과 보도를 가능하게 함으로써 TV 뉴스의 형식을 바꿀 것이다. AI가 생성한 요약과 스크립트는 기자가 더 짧은 시간에 더 많은 주제를 다루는 데에 도움이 된다. AI가 다양한 지역이나 인구 특성에 맞춰 맞춤형 뉴스 티커(news ticker)나 사이드바(sidebar)를 생성하면서 화면 콘텐츠가 더욱 역동적으로 변할 것이다. 뉴스 티커는 대개 TV 화면 하단에 속보 · 주가 · 날씨 · 운동 경기 결과 등을 보여 주는 것을 말하고, 사이드바는 그 시점에 보도되고 있는 뉴스를 보완할 수 있는 통계 기타 보완 정보를 TV 화면의 옆쪽에 배치하는 것이다. 그런데 그러한 뉴스 티커나 사이드바가 획일적으로 모든 지역의 누구에게나 보이는 것이 아니라 지역에 따라, 개인에 따라 맞춤형으로 제공된다는 점이 AI 저널리즘 시대의 보도가 지니는 특징이다. 뉴스 티커는 컴퓨터 또는 텔레비전 화면 하단을 따라 뉴스의 제목을 흐르게 하는 전자 디스플레이를 말한다. 사이드바(sidebar)는 메인바(mainbar)에 수반되는 스토리다. 하지만 사이드바는 이벤트의 모든 주요 포인트를 포함하지 않고, 이벤트의 한 측면에 초점을 맞춘다. 뉴스 이벤트의 크기에 따라 메인바에는 사이드바가 하나만 포함되거나 여러 개가 포함될 수 있다.

셋째, 라디오와 팟캐스트다. AI는 청취자의 선호도를 분석하고 오디오 보고서를 자동으로 생성하여 라디오 방송국과 팟캐스터가 한층 더 맞춤형인 프로그램을 만들 수 있도록 돕는다. AI는 또한 라이브 방송을 기록하고 나중에 사용할 수 있도록 요약이나 하이라이트를 생성할 수 있다.

넷째, 디지털 플랫폼이다. 온라인 뉴스는 가장 극적인 변화를 겪게 될 것이다. AI 기반 챗봇과 뉴스 도우미를 통해 독자나 시청자는 뉴스 콘텐츠에 대화형으로 참여하고, 질문하고, 요약을 요청하고, 개인 취향에 따라 뉴스를 맞춤 설정할 수 있다. AI가 즉각적인 사용자 요구에 따라 콘텐츠를 생성함으로써 전달 방법은 더욱더 대화에 친숙한 방식으로, 그리고 실시간으로 변할 것이다.

뉴스룸의 필수품이 된 AI 도구

AI가 뉴스룸에서는 기계적인 기사를 생산하는 것 이상을 수행할 수도 있다. 그리고 인간 기자와 로봇 기자 간에 협업이 이뤄질 수도 있다.

≪월스트리트저널≫의 연구 개발 책임자인 마르코니(Francesco Marconi)는 "아마 몇 년 전쯤에는 AI가 첨단 기술 회사에서나 사용하는 새롭고 빛나는 기술이었지만 이제는 실제로 필수품이 되었다. 저널리즘의 많은 도구가 곧 AI로 구동될 것으로 생각한다"고 말한다.

미국의 8개 주와 전 세계 19개국에 본사 · 지사가 있는 데이터 관리 소프트웨어 회사인 클라우데라(Cloudera)의 기계 학습 총괄 관리자인 메이슨(Hilary Mason)은 "뉴스를 보도하고 기사의 실마리를 찾는 실질적인 작업에서 AI가 생산적인 도구가 되었음을 우리가 알게 되기를 바란다"면서, "AI를 이용해 데이터를 분석하다 보면 이상 징후와 패턴을 볼 수 있는데 인간 기자는 그 의미를 이해하고 알아내어 뉴스화하기에 적합한 사람이다"라고 말한다.

≪뉴욕타임스≫는 기계로 뉴스 기사를 생성할 계획은 없지만 다른 분야에서 AI를 사용하고 있다. 즉, 뉴스레터를 개인화하고, 댓글 조정(comment moderation)을

돕고, 사진 등 이미지 아카이브를 디지털화하면서 이미지를 식별하는 데에 AI를 활용한다. '댓글 조정 지원'이란 AI 도구를 사용하여 독자들이 웹사이트나 플랫폼에 게시한 댓글을 관리하고 검토하는 데에 도움을 주는 것을 의미한다. 여기에는 불쾌한 언어, 스팸, 괴롭힘, 또는 플랫폼의 커뮤니티 지침을 위반하는 부적절한 댓글들을 식별하기 위해 자동으로 댓글을 검사하는 작업이 포함된다. AI는 댓글을 관리하는 사람이 추가 검토를 할 수 있도록 이러한 댓글에 플래그를 지정하거나, 어떤 경우에는 자동으로 댓글을 차단하거나 삭제할 수 있다. 이 프로세스는 댓글 관리에 들어가는 노력을 간소화함으로써 인간 관리자의 작업량을 줄이는 동시에, 토론이 예의 바르고 적절하게 유지되도록 하는 데에 도움이 된다.

과거의 기술 혁신으로 인해 금속 활자를 만드는 기계인 라이노타이프(Linotype)의 운영자와 같은 저널리즘의 특정 직업이 쓸모없게 되었다. 그러나 기자와 편집자들은 현재 자신들이 하는 일상적인 작업의 메커니즘을 거부하고 AI 도구를 도입하려는 경향이 아직 없다. 라이노타이프는 책이나 신문과 같은 긴 텍스트를 제작하기 위해 1884년부터 1980년대까지 미국에서 일반적으로 사용된 금속 활자용 기계다.

≪뉴욕타임스≫의 노동조합(News Guild of New York)의 조직 이사인 모히트(Nastaran Mohit)는 "신문의 편집, 인쇄, 제작, 발송 방식을 살펴보면 이러한 기능 중 상당수가 기술로 대체되었다"라고 말한다. 그녀는 AI가 뉴스룸 직원들의 일자리를 당장 위협하는 것으로는 생각지 않지만, 노조는 AI와 같은 새로운 기술 개발을 적극적으로 관찰하고 평가하여 뉴스룸 직원에게 부정적인 영향을 미칠 수 있는지 판단한다. 노조의 목표는 새로운 기술이 언론인과 미디어 직원의 직업 안정이나 근무 조건에 위협이 되지 않도록 하는 것이다. 만일 직원의 역할을 위협하지 않는다는 현재의 믿음과 상충하는 방식으로 AI 기술이 직원에게 영향을 미치기 시작하면 대응할 수 있다.

≪월스트리트저널≫의 연구 개발 책임자인 마르코니도 이에 동의하면서, 신문사 편집국에 AI가 들어오는 것을 과거의 전화 도입에 비유했다. 그는 "뉴스룸에 추가된 AI 덕분에 더 많은 정보에 접근하고 더 많은 정보를 더 빨리 얻을 수 있다"면서, "AI는 새로운 분야지만 기술은 변한다. 오늘은 AI이고, 내일은 블록체인이며, 10년 후에는 다른 것이 될 것이다. 변하지 않는 것은 저널리즘의 표준(journalistic standard)이다"라고 말한다. 여기서

'저널리즘의 표준'은 보도의 정확성, 공정성, 객관성, 진실성 등 저널리즘을 지배하는 핵심 원칙과 윤리 지침을 의미한다. AI나 블록체인과 같은 기술이 진화하고, 뉴스가 수집되고 배포되는 방식에 영향을 미치더라도, 진실하고 책임감 있고 잘 연구된 보도를 보장하는 저널리즘의 기본 가치와 책임은 변함없이 유지된다는 것이다. 이러한 표준은 사용된 도구와 관계없이 저널리즘의 품질과 신뢰성이 변하지 않도록 보장한다.

참고문헌

CBC Radio(2019.2.22). AI reporters are here. What that means for the future of work. *CBC*, https://www.cbc.ca/radio/spark/spark-427-1.5024321/ai-reporters-are-here-what-that-means-for-the-future-of-work-1.5024322

Kuras, D.(2024.5.7). Top 22 AI journalists and reporters: The 2024 List. https://prowly.com/magazine/ai-journalists/

Peiser, J.(2019.2.5). The rise of the robot reporter. *New York Times*, https://www.nytimes.com/2019/02/05/business/media/artificial-intelligence-journalism-robots.html

04
AI 시대의 사설과 칼럼

전통적으로 사설과 칼럼은 언론사나 칼럼니스트의 의견을 반영하는 목소리였다. AI 시스템이 방대한 정보를 신속히 처리하기 때문에 사설과 칼럼 쓰기도 이 시스템에 점점 더 의존하게 된다. 사설과 칼럼은 속보 경쟁의 영향을 받지 않지만, 돌발 사태가 발생하거나, 마감 시각에 쫓길 경우 AI는 좋은 친구가 될 수 있다. AI가 제공하는 데이터 패턴 · 추세, 대중 정서 분석을 기반으로 더 많은 정보를 담고 더 설득력 있는 글을 쓸 수 있기 때문이다.

AI와 사주?

사설과 칼럼 쓰기를 돕는 AI

AI 시대에는 논설위원, 해설 위원, 칼럼니스트가 AI 도구를 통해 큰 이점을 얻을 수 있다. AI는 관련 주제를 연구하고, 방대한 정보를 요약하며, 소셜 미디어를 비롯한 데이터 소스를 통해 대중 정서를 분석하는 데에 도움을 줄 수 있다. 예를 들어, AI는 사설이나 칼럼을 쓰는 사람이 정부 보고서, 논문, 데이터 세트를 면밀히 조사하는 데에 전통적으로 몇 시간씩 수동 작업이 필요했던 의미 있는 통찰력을 신속하게 추출하는 데에 도움을 준다.

더욱이 AI는 새로운 트렌드를 파악하고, 반론을 식별하고, 사설을 더욱 설득력 있게 하는 창의적인 은유나 비유를 생성하는 데에도 사용될 수 있다. GPT와 같은 자연어 처리(NLP) 모델은 편집자가 나중에 다듬을 수 있는 콘텐츠 초안을 작성할 수 있으므로 기계적인 글쓰기 프로세스보다는 주장의 뉘앙스에 더 집중할 수 있다. GPT는 Generative Pre-trained Transformer의 약자다. 이는 컴퓨터가 언어 이해 · 생성, 이미지 인식, 문제 해결과 관련된 작업을 수행할 수 있도록 하는 텍스트 또는 기타 유형의 미디어의 복잡한 수학적 표현이다. 오픈AI(OpenAI)에서 개발한 GPT는 대량의 텍스트 데이터로 사전 학습된 강력한 AI 언어 모델이다.

AI 시대에 사설과 칼럼을 쓰는 사람들은 AI 시스템의 도움을 받아 더 깊은 통찰력과 새로운 관점으로 글을 쓸 수 있게 된다. 그러나 사설과 칼럼을 쓰는 사람들이 AI가 생성하는 콘텐츠에 점점 더 많이 의존하게 되면서, 글 쓰는 사람의 개인적인 목소리와 고유성이 상실될 가능성이 있으므로, 이는 AI 시대의 뉴스룸이 극복해야 할 과제다.

오피니언 기사가 더 중요해지는 시대

AI 시대에는 사설이나 칼럼 등의 오피니언 기사가 순수한 사실 보도에 비해 훨씬 더 중요해진다. AI가 사실 정보 수집 · 표시를 자동화하는 데에 더욱더 능숙해짐에 따라 인간의 해석, 분석, 논평이 중요한 차별화 요소로 부각될 것이다.

독자들은 무슨 일이 일어났는지뿐만 아니라 그것이 왜 중요한지, 그리고 그러한 사건을 기반으로 어떻게 생각하고 행동해야 하는지를 이해하기 위해 사설과 칼럼을 찾는다. AI가 생성하는 엄청난 양의 데이터와 정보를 탐색하고자 할 때, 독특한 관점과 인간의 판단을 제공하는 사설과 칼럼은 필수적이다. 결과적으로, 오피니언 저널리즘은 미디어 조직이 AI 기반 미디어 환경에서 영향력과 권위를 유지하는 핵심적인 장이 될 수 있다.

AI 시대에 독자들은 사설과 칼럼에서 더 많은 것을 기대하게 된다. 심층적인 통찰력을 제공할 뿐만 아니라 AI의 분석력을 활용하여 잘 연구된 데이터 기반 의견을 제시하는 콘텐츠로서, 독자들은 사설과 칼럼을 찾는다. 독자들은 사설과 칼럼이 AI만으로는 복제할 수 없는 인간적 손길을 유지하면서, 다양한 관점을 처리하는 AI의 능력을 활용하여 명확성과 뉘앙스로 복잡한 주제를 다뤄주기를 기대한다. 더욱이, 잘못된 정보와 피상적인 논평이 쉽게 퍼질 수 있는 시대에, 독자들은 지적 엄밀함과 윤리적 책임감을 모두 반영한 잘 쓰인 사설과 칼럼을 높이 평가하게 될 것이다.

AI는 논설위원실이 어떤 주제를 다루어야 할지 결정하는 데에 도움이 될 수 있다. 소셜 미디어의 트렌드를 분석하고, 새로운 이슈를 실시간으로 추적하고, 글로벌 뉴스 패턴을 모니터링함으로써 AI는 시의적절하면서도 중요한 주제를 다루도록 논설위원과 칼럼니스트들에게 아이디어를 제공한다. 이러한 지원을 통해 뉴스룸은 통찰력 있는 사설이나 논평이 필요한 급변하는 문제에 능동적으로, 그리고 신속하게 대응할 수 있다. AI 시스템은 또한 독자 참여 지표를 기반으로 주제의 우선순위를 정할 수 있으므로 편집자는 청중의 공감을 가장 많이 받는 문제에 집중할 수 있다.

AI 시대에 가장 인기 있는 저널리스트

AI 시대에 가장 인기 있는 저널리스트는 AI에서 생성된 통찰력과 개인의 목소리 · 신뢰성을 효과적으로 혼합할 수 있는 사람이다. AI는 지식과 실시간 분석의 기초를 제공할 수 있지만 공감, 유머, 비판적 사고와 같은 인간 요소는 여전히 대체할 수 없다.

자신만의 고유한 인간적 관점을 유지하면서 AI를 활용하는 데에 성공한 사람들은 이러한 새로운 미디어 환경에서 성공할 것이다. 독자들은 AI 기반 데이터를 실감나는, 그리고 통찰력 있는 방식으로 해석할 수 있는 인물에게 끌리게 되어 있다.

AI는 사설과 칼럼 쓰기에도 활용될 수 있다. AI는 사설과 칼럼이 내세우는 의견과 주장의 출처를 검증함으로써 사설과 칼럼이 사실적으로 정확하게 유지되도록 보장한다. 또한 AI는 수정 사항을 제안하고, 대체 문구를 제공하며, 주장을 강화하기 위한 역사적 사례를 제공할 수도 있다. 이 기능은 사실 확인에 필요한 시간을 줄이는 동시에 편집 콘텐츠의 신뢰성을 유지하는 데에 도움이 되므로 인간 칼럼니스트는 설득력 있고 영향력 있는 이야기를 전개하는 데에 집중할 수 있다.

그러나 AI가 기사 작성 메커니즘을 처리할 수는 있지만, 인간 저널리스트가 쓴 사설이나 칼럼, 또는 특집 기사를 독특하게 하는 감성 지능과 창의성은 여전히 부족하다. AI는 사람의 개입 없이 매력적인 콘텐츠를 제작할 수가 있지만, AI의 기사에는 독자들이 일반적으로 오피니언 기사나 특집 기사에서 기대하는 인간적인 숨결, 스토리텔링의 뉘앙스, 깊이가 부족하다. 그럼에도 이러한 기사를 생성하는 데에 AI가 도움을 줄 수 있다.

AI가 작성한 사설의 예시

2024년 11월 미국 대통령 선거에서 공화당 후보로 출마한 트럼프 후보의 북한 핵·미사일에 대한 정책에 대해 지지하는 사설과 반대하는 영문(英文) 사설을 쓰라고 챗GPT에 지시해 봤다. 그 결과를 한국어로 번역한 것이 다음의 두 개 사설이다.

먼저 지지하는 사설이다. "북한 핵무기·미사일 개발에 대한 2024년 공화당 트럼프 후보의 정책은 미국의 이익과 세계 안정을 보호하기 위한 확고한 접근 방식을 제시한다. 트럼프 대통령은 이전 임기 동안 북한 지도자 김정은과 직접 접촉해 긴장을 완화하고 전례 없는 소통 채널을 열어 외교적 기반을 마련했다. 그의 2024년 대통령 선거 공약은 이러한 토대를 바탕으로 북한이 핵 야망을 진전시키는 것을 막기 위해 전략적 압력과 외교적 참여를 혼합하는 것을 강조한다. 트럼프는 북한의 미사일 프로그램 자금 조달 능력을 목표로 북한의 경제 자원을 제한하기 위한 지속적인 제재를 옹호한다. 이와 동시에 그는 비핵화를 향한 검증 가능한 조치에 따라 대화 준비 태세를 유지할 것을 제안했다. 그의 정책은 북한의 위협에 맞서 통일된 전선을 확보하기 위해 지역, 특히 한국 · 일본과의 동맹을 강화함으로써 미국의 안보를 우선시하는 것이다. 점점 더 위험해지는 세상에서 트럼프의 결단력 있는 접근은 북한의 핵 위협을 완화하는 가장 확실한 길을 제시한다."

다음은 반대하는 사설이다. "북한 핵 · 미사일 개발에 대한 2024년 공화당 트럼프 후보의 정책은 상당한 우려를 불러일으킨다. 이전에 김정은과의 외교적 접촉이 일시적으로 긴장을 완화했을지는 모르지만, 지속적인 결과를 가져오지는 못했다. 북한은 계속해서 핵무기를 확장하고 있으며, 구체적인 양보 없이 직접 개입하겠다는 트럼프 대통령 후보의 정책은 북한을 대담하게 만들 뿐이다. 그의 개인 외교에 대한 의존은 대담하기는 했지만, 북한의 미사일 시험과 핵 야망을 억제하는 데는 효과가 없는 것으로 드러났다. 트럼프의 접근 방식에는 장기적이고 일관된 전략이 부족하여 실질적인 진전보다 단기적인 관점을 선호했다. 게다가 협상 중 제재를 완화하기로 한 그의 결정은 북한에 대한 압박을 약화해 북한 정권이 의미 있는 견제 없이 무기 프로그램을 진전시킬 여지를 더 많이 제공했다. 더욱이 트럼프 대통령의 정책은 북한의 위협에 맞서는 데에 필수적인 한국, 일본 등 핵심 역내 파트너와의 동맹 강화를 소홀히 했다. 점점 커지는 핵 위기에 직면하여 트럼프의 대북 정책에는 미국과 세계의 안보를 모두 보장하는 데에 필요한 전략적 깊이와 통찰력이 부족하다."

이 정도면 한국의 손꼽히는 일간지 논설위원이 썼다고 해도 모를 정도다. 전문적인 식견은 물론이고 뚜렷한 논지와 나무랄 데에 없는 문장까지 갖추고 있어서, 인간 논설위원이 별로 손봐야 할 데가 없다. 물론 챗GPT에 추가적인 질문과 요청을 함으로써 더 훌륭한 글로 바꿀 수도 있다.

참고문헌

김고은(2024.6.11). 지역민방 파고든 'AI 앵커'… 혁신일까 현실일까. ≪기자협회보≫, http://m.journalist.or.kr/m/m_article.html?no=56039

Bouchard, L.(2024.2.28). How AI is redefining journalism. *Towards AI*, https://pub.towardsai.net/how-ai-is-redefining-journalism-689dbe459563

Gotfredsen, S.(2024.3.6). Q&A: AI in newsrooms: Revolution or retooling?. *Columbia Journalism Review*, https://www.cjr.org/tow_center/qa-ai-in-newsrooms-revolution-or-retooling.php

Herrman, J.(2023.8.1). How will artificial intelligence change the news business?. *Intelligencer*, https://nymag.com/intelligencer/2023/08/how-ai-will-change-the-news-business.html

05
AI 저널리즘과 빅데이터

저널리즘에서 빅데이터를 사용하면 기자는 이전에는 접근할 수 없었던 데이터 세트에 접근해서 이야기를 전하고 풍부하게 할 수 있는 패턴, 추세, 연결을 밝힐 수 있다. 빅데이터를 활용하는 능력을 통해 언론인은 한층 더 심층적인 분석과 증거 기반 보도를 제공하게 된다. 예를 들어, 소셜 미디어 플랫폼의 데이터는 대중의 정서를 드러낼 수 있고, 정부와 기업의 데이터는 사회적 추세나 불의를 밝힐 수 있다.

AI와 아이돌?

언론의 빅데이터 활용을 돕는 AI

빅데이터는 기존 방식으로는 처리하고 분석하기 어려운 방대하고 복잡한 데이터 세트를 의미한다. 이러한 데이터 세트는 볼륨(데이터의 양), 속도(데이터 생성 속도), 다양성(다양한 유형과 형식)으로 특징지어진다. 지난 몇 년 동안 빅데이터는 의료, 금융, 마케팅, 특히 저널리즘을 포함한 산업 전반에 걸쳐 매우 중요해졌다. 이러한 데이터 생성의 폭발적인 증가는 지속적으로 엄청난 양의 정보를 생성하는 디지털 장치, 센서, 소셜 미디어, 사물인터넷(Internet of things, IoT)의 확산에서 비롯된다.

미디어 조직이 빅데이터를 활용하여 더 나은 사실·의견 기사를 생산할 때 AI는 중추적인 역할을 한다. AI의 기계 학습과 자연어 처리 알고리듬은 인간의 능력을 훨씬 뛰어넘는 규모와 속도로 대규모 데이터 세트를 분석할 수 있다. 데이터 세트는 분석 또는 처리를 위해 함께 구성되고 저장된 데이터의 구조화된 모음이다. AI 도구는 관련 정보를 필터링하고, 패턴을 식별하고, 복잡한 데이터 구조를 파악함으로써 기자가 더 의미 있고 데이터 중심적인 이야기를 쓰는 데에 도움을 준다.

예를 들어, AI는 언론인이 수백만 개의 소셜 미디어 게시물을 분석하여 여론 동향을 추적하는 데에 도움을 주고, 미디어가 청중의 우려 사항에 공감하는 기사를 만들 수 있도록 해 준다. AI는 또한 대규모 데이터 세트에서 데이터 추출을 자동화하여 기자가 원시 데이터를 조사하는 데에 걸리는 시간을 줄일 수 있다. 또한 AI는 예측 분석을 지원하여 언론인이 과거 데이터를 기반으로 추세와 미래 사건을 예측하는 데에 도움을 줄 수 있다. 이러한 방식으로 AI는 더욱더 역동적이고 시의적절하며 통찰력 있는 저널리즘을 가능하게 한다

미디어 기업의 맥락에서 빅데이터는 특히 언론인이 기사를 작성하기 위해 활용할 수 있는 소셜 미디어 분석, 공공 기록, 정부 데이터베이스, 기업 보고서, 실시간 데이터 스트림 등 광범위한 정보 소스를 의미한다. 미디어 회사는 빅데이터를 활용하여 공중 보건 동향, 선거 예측, 심지어 소비자 행동과 같은 주제로 기사를 쓸 수 있다.

예를 들어, AI는 다양한 공공 · 민간 기관의 건강 데이터를 분석함으로써, 새로운 건강 위기가 널리 알려지기 전에, 미디어 회사가 이를 보도하도록 도울 수 있다. 마찬가지로 AI는 금융 시장 데이터를 분석해 한층 더 정확하고 시의적절한 경제 예측을 제공함으로써 대중이 경제 동향을 더 잘 이해할 수 있도록 돕는다. 언론 매체는 세금 기록, 인구 조사 데이터 또는 실업 통계를 분석하여

소득 불평등과 같은 사회 문제를 기사로 쓸 때도 빅데이터를 사용할 수 있다.

데이터 저널리즘의 전 세계적 확산

데이터 저널리즘은 저널리즘 영역에서 새롭게 떠오른 현상이다. 그것은 디지털 커뮤니케이션 영역과 수치 데이터, 시각적 표현의 활용을 통합하는 저널리즘 관행이다. 데이터 저널리즘은 급증하는 데이터 생성과 수량화에 대응하여 탄생한 저널리즘 내부의 전문 분야다.

본래 데이터 저널리즘은 상호 작용하는 시각적 스토리텔링, 통계 분석, 3차원 지도(3D map)의 활용, 그리고 데이터에 뿌리를 둔 뉴스와 정보를 전달하는 또 다른 다양한 방법을 포괄한다. 이러한 맥락에서 저널리즘의 영역 밖에 있던 일부 전문가들이 데이터 저널리즘에 익숙해지고 이 분야에 관심을 보이게 되었다. 3D 지도는 지구 표면 또는 다른 천체, 그리고 자연과 사회의 물체·현상을 수학적으로 정의한 3차원의 가상 또는 실제 표현으로 구현한 것이다.

데이터 저널리즘이라는 개념의 기원은 컴퓨터 활용 보도(computer-assisted reporting, CAR)에서 찾는 것이 일반적이다. 이 분야의 학자들은 공통적으로 언론인들이 뉴스의 영역을 확대하기 위하여 뉴스 생산에 많은 통계적 방법론을 도입한 일종의 시도로서 컴퓨터 활용 취재의 성격을 규정지었다.

투명성과 시각화는 데이터 저널리즘의 영역에서 자주 다뤄지는 주요 주제다. 데이터 저널리스트는 뉴스에서 데이터를 중심 요소로 간주하는데, 이는 종래에 데이터를 뉴스 보도의 보충 요소로 간주하던 태도와는 반대되는 것이다. 결과적으로 대부분의 데이터는 공개적으로 이용 가능한 소스에서 수집되기 때문에, 독자들은 뉴스 기사 내의 데이터에 더 쉽게 접근할 수 있게 되고 뉴스의 투명성도 높아지게 된다. 데이터 저널리스트가 다루는 두 번째 개념은 뉴스의 시각화다. 성공적인 데이터 시각화 방법은 뉴스 기사에서 제시된 데이터를 변환하는 것인데, 그렇게 함으로써 독자들이 데이터를 보았을 때 당황하지 않고 더 쉽게 이해할 수 있도록 돕는다. 대규모 데이터 세트에서 얻은 뉴스와 서면 형식으로 제공되는 뉴스의 경우 특히 독자들이 이해하기 어렵다. 저널리스트들이 데이터를 사용하게 되면 손에 잡히지 않은 개념을 독자들이 이해할 수 있고 연결할 수 있는 개념으로 변환할 수 있게 된다. 폭동이나 정치적 토론과 같은 복잡한 사건의 배후를 파헤치고, 거짓을 폭로하며, 복잡한 문제를 실제로 해결할 방법을 사람들이 알 수 있도록 도와주는 일을 데이터 저널리스트들이 해낼 수 있다.

예전과 비교해 보면, 뉴스 생성에 데이터 활용이 점점 더 눈에 띄게 되었다. 빅데이터, 데이터 수집, 데이터 스크래핑, 데이터 저장, 데이터 분석, 데이터 관리, 데이터 시각화 등의 용어가 오늘날 편집국과 보도국 등 뉴스룸에 훨씬 더 친숙해졌다. 그와 함께 이전에는 이 영역에 존재하지 않았던 새로운 직위와 직무 설명이 도입되었다. 뉴스 제작 과정에 저널리즘과 무관한 다양한 기술을 보유한 직원들의 적극적인 참여를 목격하게 되었다. 이러한 사람들이 뉴스 제작을 위한 노력에서 중요한 역할을 맡아 전반적인 업무에 이바지한다. 일부 연구자들은 AI 저널리즘 시대를 맞이해 언론사 직원에게 필요한 자질을 다음과 같이 정의했다. 즉, 뉴스룸에서 데이터 저널리즘이 널리 사용되면서, 첫째, 자바스크립트(Javascript)와 같은 '프로그래밍 언어', 데이터 시각화와 인터페이스(interface) 디자인 등 '기술적 능력(technical skill)', 그리고 '데이터 활용 능력'이 필요한 자격 능력으로 정의되었다. 자바스크립트는 웹페이지를 업데이트하고 변경할 수 있는 고급 다중 패러다임 프로그래밍 언어(high-level, multi-paradigm programming language)다. 소프트웨어에서 인터페이스는 사용자가 직접 또는 네트워크를 통해 컴퓨터와 상호 작용할 수 있는 프로그램이다.

처음에는 데이터 저널리즘이 미래의 저널리즘으로 인식될 것이라는 커다란 기대가 있었지만, 한동안은 저명한 언론사 이외의 기관에서는 데이터 저널리즘의 사례가 거의 관찰되지 않았다. 그러나 코로나 팬데믹은 전 세계적으로 데이터 저널리즘 분야에 상당한 영향을 미치면서, 데이터 기반 저널리즘은 주류 미디어 사이에서 계속해서 확산되고 있을 뿐만 아니라, 지역 미디어 생태계에도 확산되었다. 게다가 기성 언론의 영역 밖에서 작동하는 대안 언론과 급진 언론, 행동주의 언론이 급증했는데, 특히 이들 언론의 데이터 저널리즘 실행이 증가하는 추세다. 따라서 데이터 중심의 뉴스 콘텐츠 생산은 단지 주요 언론사뿐만 아니라 다양한 뉴스룸 환경에서도 목격되고 있다고 할 수 있다.

영국 어느 신문의 데이터 저널리즘 실태

영국 퀸스대학교(Queen's University)의 캘린더(Ahmet Kalender)는 이름을 밝히지 않은 영국의 한 신문사 뉴스룸, 즉 편집국에서 행해지는 데이터 저널리즘의 역할을 연구한 바 있다. 캘린더의 연구 결과, 저널리즘의 전문화된 하위 분야인 데이터 저널리즘이 뉴스룸 내의 부서 간 협업 구조 속에서 계속 발전하고, 저널리즘의 분야 내에서 새로운 유형의 데이터 습관(data habitus)를 창출하고 있는 것으로 나타났다.

데이터 저널리즘에서 '데이터 습관'은 뉴스룸에서 기자들이 스토리텔링, 분석, 의사 결정에 대한 데이터 기반 접근 방식을 습관적으로 사용하게 되었음을 의미하며, 이는 저널리스트가 해당 분야에서 증가하는 데이터의 중요성에 어떻게 적응하는지를 보여 준다.

또한 처음에는 뉴스룸 내의 소규모 전문 하위 조직이었던 데이터 저널리즘 팀이 뉴스룸의 핵심적이고 매우 효과적인 부서의 하나로 전환되었음을 보여 주었다. 뉴스룸의 주요 작업이 아닌 특정 작업을 수행하는 더 작고 더 전문화된 팀이었던 데이터 저널리즘 팀이 시간이 지나면서 중요성이 커졌고, 뉴스룸의 전반적인 운영에서 더욱더 중심이 되었다는 것이다. 나아가 데이터 기반 저널리즘은 다른 팀에도 영향을 미치고 있으며, 이제 뉴스룸은 데이터 저널리즘 팀을 넘어 데이터 관련 기술 개발에 점점 더 초점을 맞추고 있으며, 이는 뉴스룸에서 전반적인 '데이터화(datafication)' 프로세스가 진행 중임을 나타낸다.

참고문헌

Chao, Z.(2023). *The power of data: Data journalism production and ethics studies.* Routledge.

Georgiadou, E., & Matsiola, M.(2023). Understanding and enhancing journalism students' perception of data journalism. *Journalism and Media, 4,* pp.1232–1247.

Kalender, A.(2023). The datafication of newsrooms: A study on data journalism practices in a British newspaper. *Journalism and Media, 4,* pp.48–64.

06
AI와 탐사 저널리즘

AI는 데이터에서 패턴을 벗어나는 사항을 단시간에 파악해 인간 기자에게 알려 줌으로써 탐사 저널리즘에 혁명을 일으킬 수 있다. AI가 인간 언론인의 직관과 윤리적 판단을 대체할 수는 없지만 강력한 조사 도구로서의 역할은 계속 커질 것이다. AI와 인간의 손길을 결합함으로써 탐사 보도는 기술 변화의 시대에 성공할 수 있으며 재정적 어려움에도 불구하고 영향력 있는 저널리즘의 부활이라는 희망을 제공한다.

AI와 야구?

탐사 보도를 돕는 AI 도구

AI는 뉴스 보도의 효율성과 깊이를 배가함으로써 탐사 저널리즘에 크게 기여했다. 뉴욕대학교의 언론학 조교수인 브루사드(Meredith Broussard)가 쓴 "탐사 보도에서의 AI"라는 논문은 탐사 보도 기자가 중요한 이야기를 드러내고, 데이터 처리를 간소화하고, 인간 연구자에게 즉각적으로 드러나지 않을 수 있는 추세나 패턴을 식별하는 데에 AI가 어떻게 도움이 되었는지 보여 준다.

이 논문에서는 교육 행정을 비롯한 공공 문제(public affairs)를 담당하는 기자가 데이터를 분류하고 탐사 보도의 단서를 찾아내는 능력을 강화하는 AI 기반 소프트웨어 시스템을 설명한다. AI 도구의 초기 버전이 개발되어 교육 데이터를 분석하는 데에 사용되었다. 성공적인 초기 버전과 그 초기 버전의 도움을 받아 작성된 탐사 보도 기사의 사회적 영향은 이 접근 방식이 공공 문제에 대해 더욱더 설득력 있고 데이터가 풍부한 스토리를 전달하려는 뉴스룸에 유효한 옵션임을 시사한다. 여기서 AI 도구의 초기 버전은 아이디어를 테스트하고, 개선 사항을 식별하고, 앞으로 더 완전하고도 개선된 버전을 개발하기 전에 시스템이 실제로 어떻게 작동할 수 있는지 보여 주는 데에 도움이 되었다.

탐사 보도에서 AI가 가지는 주요 이점은 인간 기자가 수동으로 관리할 수 없는 방식으로 대규모 데이터 세트를 처리하는 능력이다. AI 도구는 금융 거래, 법원 기록, 소셜 미디어 게시물, 공개 문서 등 방대한 양의 정보를 조사하여 잠재적인 이야기를 식별할 수 있다.

원래 일상적인 보도를 자동화하도록 설계된 ≪워싱턴 포스트≫의 AI 도구인 헬리오그라프는 나중에 2016년 미국 선거의 투표 패턴을 분석하여 탐사 보도 팀을 지원하도록 발전했다. 헬리오그라프는 인간 기자가 눈치채지 못했을 수도 있는 데이터의 변칙성과 불규칙성을 식별했다. 이러한 유형의 AI 지원을 통해 언론인은 복잡한 조사 작업을 더 빠르고 정확하게 처리할 수 있다.

탐사 저널리즘에서는 흔히 정부 보고서나 과학 연구와 같은 대규모 데이터 세트를 조사해야 한다. 탐사 보도에 AI를 사용하면 언론인은 아주 큰 영향력 있는 기사를 쓸 수 있는 그 어떤 추세, 상관관계, 불일치를 식별할 수 있다. 브루사드의 논문에서 언급된 한 가지 예는 ≪블룸버그 뉴스≫에서 사용하는 AI 시스템인 사이보그다. 사이보그는 금융 데이터를 분석하고 시장 조작 · 사기 행위를 적발하는 데에 도움을 준다. AI는 데이터 분석 프로세스를 자동화함으로써 기자들의 시간을 확보해 스토리텔링과 인터뷰 진행에 더 집중할 수 있게 했다.

탐사 보도의 글쓰기를 돕는 AI

AI는 데이터 분석을 변화시킬 뿐만 아니라 실제 탐사 기사 작성에도 도움을 주고 있다. AI 시스템은 초기 보고서 초안을 작성할 수 있으며, 언론인은 이를 개선할 수 있다.

이 접근 방식을 통해 기자는 데이터 합성의 초기 단계에서 막히지 않고 훨씬 더 미묘한 이야기를 작성할 수 있다. 예를 들어 ≪뉴욕타임스≫는 해수면 상승, 장기적인 환경 영향과 같은 기후 변화의 영향에 대한 탐사 보도를 위해 기계 학습 알고리듬(machine learning algorithm)을 사용하여 기후 데이터를 분석했다. 기계 학습 알고리듬은 AI 시스템이 작업을 수행하는 데에 사용하는 규칙 또는 프로세스 세트로, 새로운 데이터 통찰력과 패턴을 발견하거나 주어진 입력 변수 집합에서 출력값을 예측하는 데에 가장 많이 사용된다. 알고리듬을 사용하면 기계 학습 프로그램이 더 많은 것을 배울 수 있다.

AI를 활용한 탐사 보도는 탐사 보도 기자의 수상 경력으로 이어졌다. 그러한 사례 중 하나가 부당한 투옥을 조사하기 위해 AI 도구와 협력한 AP 통신이다. AI의 기계 학습을 사용하여 방대한 법원 기록을 샅샅이 뒤져 사법 오류와 부당한 투옥의 패턴을 식별했으며, 그 결과 사회적으로 커다란 영향을 끼친 일련의 이야기가 탄생했다.

AI 도구의 도움으로 여러 가지 영향력 있는 이야기가 생성되었다. 미국의 시애틀에서 발행되는 ≪시애틀타임스(The Seattle Times)≫의 오피오이드(opioid) 위기 보도도 그 한 예다. AI 도구를 사용하여 건강 데이터, 법원 문서와 업계 보고서를 분석하여 오피오이드 전염에 대한 공중 보건 대응의 체계적 실패를 밝혀냈다. 이 보도에서 기자들은 AI를 통해 얻은 통찰력으로 위기를 더욱더 심화시키는 책임이 누구에게 있는지, 그리고 그와 관련한 제약 회사의 역할을 설득력 있게 기사로 써 내려갈 수 있었다. 시애틀이 속해 있는 워싱턴 주 보건부의 데이터에 따르면, 2019년 이후 워싱턴 주 청소년의 오피오이드 관련 사망은 3배 이상 증가했으며, 오피오이드 과다 복용이 의심되는 어린이에 대한 긴급 대응은 4배 증가했다고, 2024년 9월 8일 자 ≪시애틀타임스≫가 보도했다. 오피오이드는 모르핀을 비롯한 합법적인 약물과 헤로인 같은 불법적인 약물을 모두 포함하는 약물 종류다. 이는 주로 통증을 완화하는 데에 사용되지만, 뇌에 심각한 영향을 미쳐 행복감을 유발하고 오용, 중독, 과다 복용의 가능성이 크다.

파나마 페이퍼 탐사 보도의 사례

역외 금융 거래에 대한 이 획기적인 조사인 국제탐사언론인협회(ICIJ)의 파나마 페이퍼스(Panama Papers) 기사는 AI가 완전히 주도하지는 않았지만, 알고리듬을 사용하여 수백만 건의 유출된 문서를 분석했으며, 이를 통해 정치인 · 기업 · 유명인 사이에 존재하는 조세 회피를 비롯한 광범위한 부패를 폭로했다.

파나마 페이퍼스에 의하면 1150만 개 이상의 금융 · 법률 기록이 대규모로 유출되면서 비밀 역외 기업이 숨기고 있는 범죄, 부패, 불법 행위를 가능하게 하는 시스템이 드러났다. 파나마 페이퍼스는 전 세계 고객들을 위해 역외 페이퍼 컴퍼니 설립을 전문으로 하는 파나마 법률 회사인 모색 폰세카(Mossack Fonseca)의 대규모 문서 유출에 붙여진 이름이다. 이 유출은 2016년에 발생했으며 부유한 개인, 정치인, 유명인, 기업이 이러한 회사를 이용하여 자산을 숨기고 세금을 회피하며, 어떤 경우에는 불법 활동에 가담하는 방법을 폭로했다.

이 기사는 퓰리처상을 수상했다. 이 기사의 취재 보도에 참여한 국제탐사언론인협회의 데이터 · 연구 편집자

디아즈-스트럭(Emilia Diaz-Struck)은 AI가 탐사 보도에 유용하지만 뉴스 보도의 신뢰성을 유지하는 것이 우선이라고 말했다. 그는 또 AI가 언론인의 직업이나 역할을 위협하기보다는 새로운 기회를 가져올 수 있는 도구라고 제안했다. 그러나 그녀는 저널리즘에서 인간적 요소가 여전히 중요하다고 강조하며 "완전한 분석을 수행하기 위한 사실 확인과 검증"의 필요성을 강조했다. 그녀는 AI가 전적으로 신뢰할 수 있는 것은 아니라고 지적하며, AI로 분석된 데이터를 다룰 때 투명성의 중요성을 강조했다.

생성형 AI는 인터넷 · 기타 소스의 방대한 양의 데이터를 처리하여 사람과 같은 방식으로 텍스트, 이미지 또는 기타 미디어를 생성할 수 있다. 그중에 최근 전 세계의 주목을 받는 것이 바로 미국 기술 기업 오픈AI가 개발한 챗GPT다.

탐사 저널리즘의 주요 과제 중 하나는 철저한 조사를 수행하는 데에 필요한 높은 비용과 시간이다. AI는 문서 정렬, 사실 확인, 데이터 마이닝 등 노동 집약적인 작업을 자동화해 이 두 가지를 모두 줄일 수 있는 잠재력을 가지고 있다. 이러한 효율성은 재정력이나 인력 등 자원이 제한된 소규모 뉴스룸에 매우 중요하며, 이를 통해 다른 방법으로는 도달할 수 없는 탐사 기사를 추구할 수 있다.

참고문헌

Broussard, M.(2014). Artificial intelligence for investigative reporting: Using an expert system to enhance journalists' ability to discover original public affairs stories. *Digital Journalism*, *3*(6), pp.814-831.

Furfaro, H.(2024.9.8). Deadlier drugs, younger addiction and no help in sight. *The Seattle Times*, https://www.seattletimes.com/seattle-news/mental-health/wa-fentanyl-crisis-deadlier-drugs-younger-addiction-and-no-help-in-sight/

Ioscote, F., et al.(2024). Artificial intelligence in journalism: A ten-year retrospective of scientific articles (2014 – 2023). *Journalism and Media*, *5*(3), pp.873-891.

Parasie, S.(2015). Data-driven revelation? Epistemological tensions in investigative journalism in the age of "big data". *Digital Journalism*, *3*, pp.364-380.

Shafer, J.(2024.2.27). How AI is already transforming the news business. *Politico*, https://www.politico.com/news/magazine/2024/02/27/artificial-intelligence-media-00143508

07
AI 시대의 팩트 체크와 가짜 뉴스

AI 시대에는 AI 기술의 접근성과 정교함으로 인해 가짜 뉴스가 더욱 심각한 문제가 될 것이다. 그러나 AI는 실시간 사실 확인, 딥페이크 탐지, 콘텐츠 검증을 위한 설루션(solution)을 제공하여 잘못된 정보에 맞서 싸우는 강력한 도구 역할도 할 수 있다. 저널리즘에 대한 신뢰 훼손을 막고 AI나 사람이 만들어 낸 가짜 뉴스의 위험으로부터 국민을 보호하기 위해서는 입법과 교육, 첨단 AI 시스템의 결합이 필요할 것이다.

AI와 윤동주?

AI 시대의 팩트 체크

AI 시대를 맞이하여 AI를 활용하는 가짜 뉴스의 대량 생산 등 우려 사항 목록은 길지만, 챗GPT와 같은 AI 도구가 자동으로 팩트 체크(fact check)를 하게 될 수도 있다.

매년 4월 2일은 상호 연결된 세계에서 정확한 정보의 중요함을 강조하기 위한 글로벌 이니셔티브인 국제 팩트 체킹 데이(international fact-checking day, IFCD)다. 또한 이날을 기념하면서 팩트를 지키기 위해 노력하는 전 세계 팩트 체커(fact-checker)의 중요한 업무도 인식하고 있다. 국제 팩트 체킹 네트워크에서 팩트를 지키고 늘리는 것은 전문가만의 책임이 아니라 대중의 참여와 관련된 집단적인 노력이다. 팩트 체커를 늘리고, 신뢰할 수 있는 출처를 홍보함으로써, 사실이 승리하는 건전한 정보 생태계를 조성할 수 있다. 팩트에 입각한 정보를 더 많이 제공하는 더 탄력적인 사회를 구축하는 데에서 팩트는 매우 중요하다.

우리의 핵심 문제는 팩트 체크의 과정을 간소화하고 개선하기 위해 생성형 AI 시스템을 어떻게 활용할 수 있느냐는 것이다. 예를 들어, 챗GPT와 같은 도구는 자동화된 프로세스를 통해 클레임(claim)을 감지하고, 팩트 체크를 할 만한 가치가 있는지를 평가하고, 클레임을 검증하고, 검증된 데이터와 일치시키고, 사실을 검증하는 기능을 개선함으로써, 현재 개발 중인 언어 모델을 개선할 수 있다. AP 통신 웹사이트의 팩트 체크 페이지에 들어가 보면 "AP 팩트 체크로 최신 뉴스를 확인하세요. AP 팩트 체크는 허위와 오해의 소지가 있는 주장을 폭로하여 잘못된 정보에 대처합니다"라고 말한다.

또한 오픈AI가 2021년에 예상한 것처럼 신뢰할 수 있는 출처에 대한 인용을 포함할 뿐만 아니라 해당 출처에 대한 직접적인 링크(URL)를 제공하여 쉽게 검증할 수 있다면 이러한 시스템은 더욱 개선될 수 있다. 오픈AI의 최고경영자인 올트먼(Sam Altman)은 "생성된 텍스트는 우리가 적응해야 하는 부분이며, 괜찮다"라고 말하면서도 사람들에게 정보를 공유하기 전에 확인할 것을 계속 상기시키고 있다.

여기서 '클레임'은 사실 여부를 체크하거나 진실성을 검증할 수 있는 진술이나 주장을 의미한다. 이러한 주장은 사실로 제시된 사건, 사실, 통계 또는 의견에 관한 것일 수 있다. 자동화된 사실 확인 과정에서 챗GPT와 같은 AI 도구는 텍스트에서 이러한 주장을 감지하고, 검증이 필요한 경우 확인 가능 여부를 평가하며, 확립되고 검증된 정보 또는 데이터베이스와 비교하여 주장이 정확한

지 또는 오해의 소지가 있는지 판단한다. 주장의 예로는 정치적 사건, 과학적 사실 또는 뉴스 기사에 대한 진술이 포함될 수 있다.

가짜 뉴스를 막는 AI

가짜 뉴스와 역정보(逆情報)는 다양한 온라인 · 소셜 네트워킹 플랫폼을 통해 점점 더 많이 유포되고 있으며, 이는 광범위한 혼란을 야기하고 의사 결정 인식에 영향을 미치고 있다.

가짜 뉴스를 탐지하려는 정치적 노력의 중요성이 커지면서, 공급망 중단(supply chain disruption, SCD)을 최소화하는 데에 적합한, 가짜 뉴스 · 역정보를 탐지하는 AI 모델도 개발되고 있다. 여기서 '공급망 중단 최소화'는 잘못된 정보나 가짜 뉴스로 인해 공급망의 흐름과 운영에 미치는 부정적인 영향을 줄이는 것을 의미한다. 예를 들어, 온라인 플랫폼을 통해 잘못된 정보가 퍼져 나감으로써 기업 · 공급망과 관련된 이해관계자들이 잘못된 결정, 혼란 또는 공황을 초래할 때 '공급망 중단'이 발생할 수 있다. 예컨대 제품 부족, 정치적 불안정성 또는 자연재해에 대한 가짜 뉴스는 공연한 사재기 또는 공급 경로 변경과 같은 불필요한 반응을 유발하여 정상적인 운영에 차질을 빚을 수 있다.

가짜 뉴스 탐지 모델은 AI와 기계 학습을 사용하여 잘못된 정보를 실시간으로 식별하고 필터링할 수 있도록 설계되었다. 이러한 방식으로 기업은 정확한 정보를 기반으로 정보에 입각한 의사 결정을 내릴 수 있으므로 공급망의 불필요한 중단을 방지할 수 있다. 이 모델을 사용하면 기업은 원활한 운영을 유지하고 잘못된 담론에 기반한 결정을 피할 수 있다.

가짜 뉴스를 차단하는 AI 모델

옥스포드 영어 사전에 의하면, 가짜 뉴스(fake news)는 "웹사이트에서 작성되고 읽히는 사건에 대한 허위 보도"를 말하고, 역정보(disinformation)는 "의도적으로 제공되는 허위 정보"를 일컫는다.

가짜 뉴스와 역정보의 영향은 상당하며, 경제 운영과 사회 활동을 방해한다. 또한 가짜 뉴스와 역정보는 브랜드 이름을 위협하고, 잠재적으로 제품과 서비스 소비에 영향을 미쳐 궁극적으로 공급망 운영과 수요에 영향을 미친다. 역정보를 바탕으로 나쁜 결정을 내리거나 괜한 공포에 이끌려서 바람직하지 못한 결정을 내리게 되는 것이다. 일례로 2013년, AP 통신의 공식 트위터 계정이

해킹당하여 버락 오바마 대통령에게 두 건의 폭발 사고가 발생했다는 트윗이 올라왔고, 몇 시간 만에 주식 시장에서 1300억 달러가 사라지면서 주식 공급망 운영에 영향을 미쳤다.

영국의 애버딘대학교(University of Aberdeen) 경영학과 교수인 아크타르(Pervaiz Akhtar) 등 여덟 명의 연구진이 공급망 중단 사태를 피하기 위하여 가짜 뉴스와 역정보를 탐지하는 모델을 개발했다는 연구 결과가 2023년에 발표되었다. AI와 기계 학습을 활용하여 가짜 뉴스와 역정보를 필터링하는 모델이다. 이 모델은 인터넷의 다양한 출처에서 도움을 받아 수신된 정보를 확인한다. 그런 다음 수신된 뉴스의 사실 여부를 결정하고 알린다. 이 모델은 기업이나 경영진의 의사 결정에 영향을 미치기 전에 가짜 뉴스와 역정보를 조기에 감지한다. 또한, 공급망 운영을 지원하기 위해 주요 지역 데이터베이스와 뉴스 매체를 기반으로 실행 · 관리된다. 이 프로세스는 기업을 가짜 뉴스와 역정보의 영향으로부터 보호하여 관리자가 합법적이고 유효한 뉴스나 정보를 기반으로 의사 결정에 참여할 수 있도록 한다.

AI가 생성한 가짜 뉴스의 등장

가짜 뉴스는 이미 오늘날 디지털 세계에 만연한 문제이며 AI 기술의 출현으로 문제가 더욱 악화될 가능성이 있다.

AI 도구가 더욱 발전함에 따라 이전보다 훨씬 적은 시간과 노력으로 텍스트, 이미지, 오디오, 심지어 비디오(딥페이크)까지 초현실적인 가짜 뉴스 콘텐츠를 만들 수 있다. 딥페이크란 인공지능 기술인 딥러닝과 '가짜'를 의미하는 단어인 페이크의 합성어로, 인공지능 기술을 이용하여 진위를 구별하기 어려운 가짜 이미지나 영상물을 만든 것, 이를테면 특정 인물의 얼굴과 목소리 등을 영상에 합성하는 것이다. 딥러닝은 컴퓨터가 스스로 외부 데이터를 조합 · 분석하여 학습하는 기술을 뜻한다. 딥러닝은 인간의 두뇌가 수많은 데이터 속에서 패턴을 발견한 뒤 사물을 구분하는 정보 처리 방식을 모방해 컴퓨터가 사물을 분별하도록 기계를 학습시킨다.

AI 시대에는 AI 시스템이 합법적인 것처럼 보이는 콘텐츠를 쉽게 조작하고 생성할 수 있으므로, 오해의 소지가 있거나 완전히 거짓인 뉴스의 생성이 증가할 가능성이 크다. 생성적 적대 신경망(generative adversarial network, GAN), 자연어 처리 시스템과 같은 AI 모델을 활용하여 사실적인 기사, 연설, 심지어는 발생하지 않은 사건의 비디오 장면까지 제작할 수 있다. AI가 생성한 잘못된 정보의 홍수는 미디어의 진실에 심각한 도전을 제기해 대중이 사실과 허구를 구별하기 어렵게 한다. 생성적 적대 신경망은 딥러닝 아키텍처(deep learning architecture)로, 주어진 훈련 데이터 세트에서 한층 더 진정성 있는 새로운 데이터를 생성하기 위해 두 개의 신경망이 서로 경쟁하도록 훈련한다.

딥러닝 아키텍처는 다른 신경망보다 복잡한 것으로서, 추가 레이어와 계산으로 구성되어 컴퓨터 비전, 오디오 처리, 자연어 처리, 생물 정보학, 금융, 전력 시스템, 스마트 그리드 등의 응용 분야로 복잡한 네트워크를 만든다. 신경망(neural network)은 생물학적 뉴런이 함께 작동하는 방식을 모방하여 현상을 식별하고 옵션을 검토하여 결론에 도달하는 과정을 사용하여 인간의 뇌와 유사한 방식으로 의사 결정을 내리는 기계 학습 프로그램 또는 모델이다.

AI시대 가짜 뉴스 증가 요인

AI 시대 가짜 뉴스의 등장에는 몇 가지 배경 요인이 작용할 것이다. 여기에는 다음의 네 가지가 포함된다.

첫째, 낮은 진입 장벽이다. 언어 모델, 비디오 편집 소프트웨어 등 콘텐츠 제작을 위한 AI 도구의 접근성이 좋아지고 저렴해졌다. 이를 통해 개인과 조직이 가짜 뉴스를 생산하기가 더 쉬워졌다.

둘째, 속도와 규모다. AI는 대량의 가짜 콘텐츠를 빠르게 생성하여 전례 없는 속도로 허위 정보를 확산시킬 수 있다.

셋째, 정교함이다. AI는 딥페이크 동영상과 같은 초현실적인 콘텐츠를 만들 수 있어 일반 사람이 특별한 도구 없이는 허위를 식별하기 어렵게 한다.

넷째, 정치적 · 이념적 동기다. 양극화된 세계에서 AI는 정치적 이익을 위해 봉사하거나, 선거를 조작하거나, 반대자를 비방하기 위해 무기화될 수 있다. 마찬가지로 기업이나 심지어 불량 국가도 AI를 사용하여 전략적 목표에 부합하는 담론을 홍보할 수 있다.

다음으로 AI 시대에 나타날 수 있는 가짜 뉴스의 유형은 세 가지로 요약된다. 첫째, 딥페이크다. 공인이 한 번도 하지 않은 말이나 행동을 보여 주는 조작된 비디오 또는 오디오 클립이다. 둘째, AI 생성 기사다. AI 시스템이 생성한 뉴스 기사로, 실제 정보와 가짜 정보가 혼합되어 있어 진위를 확인하기 어렵다. 셋째, AI 생성 이미지와 밈(meme)이다. 소셜 미디어 플랫폼에서 입소문을 타고 오해의 소지가 있는 이야기를 퍼뜨리는 가짜 시각적 콘텐츠다. 인터넷 밈이라는 용어는 소셜 미디어를 통해 메시지를 복제하고 퍼뜨리는 현상을 설명하기 위해 만들어졌다.

참고문헌

Akhtar, P., et al.(2023). Detecting fake news and disinformation using artificial intelligence and machine learning to avoid supply chain disruptions. *Annals of Operations Research*, *327*, pp.633-657.

Fletcher, R.(2024.2.22). How many news websites block AI crawlers?. https://reutersinstitute.politics.ox.ac.uk/how-many-news-websites-block-ai-crawlers

Kahn, G.(2024.8.2). The day AI clones took over a Swiss radio station. https://reutersinstitute.politics.ox.ac.uk/news/day-ai-clones-took-over-swiss-radio-station

Lozano, B., & Larraz, I.(2023.4.3). How AI-generated content could both fuel disinformation and improve fact-checking. *Poynter*, https://www.poynter.org/commentary/2023/artificial-intelligence-help-harm-fact-checking/

08
AI와 소셜 미디어

AI는 이미 소셜 미디어의 작동 방식을 형성하는 강력한 힘이다. AI 저널리즘 시대에 이러한 영향력은 더욱 커져 개인화된 콘텐츠 추천부터 알고리듬 조정에 이르기까지 AI는 이용자가 보는 내용을 결정하는 데에 중요한 역할을 한다. 나아가 AI는 뉴스와 이용자 생성 콘텐츠의 실시간 번역을 가능하게 하여 언어 장벽을 허물고 글로벌 대화를 촉진할 수도 있다.

AI와 한의학?

소셜 미디어는 "AI 생성 콘텐츠의 허브"

유튜브, 페이스북, 트위터(현재는 X) 같은 플랫폼은 정보 배포, 이용자 생성 콘텐츠(user-generated content), 그리고 점점 더 많은 AI 생성 콘텐츠를 위한 허브 역할을 한다. 여기서 '플랫폼(platform)'이란 이용자들이 콘텐츠를 생성 · 공유 · 상호 작용하는 소셜 미디어 서비스를 의미한다.

소셜 미디어 플랫폼을 통해 AI 기반 저널리즘은 업데이트, 기사 또는 뉴스 스토리를 이용자의 피드(feed)에 직접 게시하여 이용자가 정보에 즉시 접근할 수 있게 한다. 이러한 플랫폼은 뉴스를 배포할 뿐만 아니라 이용자가 댓글을 달거나 공유하거나 토론함으로써 뉴스와 상호 작용할 수 있도록 한다. AI 기반 뉴스의 맥락에서 이러한 플랫폼을 통해 많은 시청자와 독자에게 AI가 작성한 콘텐츠를 실시간으로 빠르게 배포할 수 있다. 여기서 '피드'란 이용자가 소셜 미디어 플랫폼에 로그인할 때 볼 수 있는 콘텐츠의 흐름을 의미하며, 계속 업데이트된다. AI 기반 저널리즘의 경우, 이러한 피드를 통해 AI가 생성한 뉴스 기사 · 업데이트 · 속보에 즉시 접근하여 이용자가 즉시 정보를 소비할 수 있다.

이러한 플랫폼은 AI를 사용하여 콘텐츠를 큐레이션하

여 사용자의 선호도나 참여 패턴에 따라 뉴스 기사나 업데이트를 보여 주는데 이를 알고리듬 큐레이션이라고 한다. 콘텐츠 큐레이션이란 자료를 수집 · 분류 · 구조화하는 것을 가리킨다. 즉, 소셜 미디어 플랫폼의 AI 시스템에서 뉴스 콘텐츠를 선택 · 정리 · 발행하는 프로세스다. 이러한 플랫폼의 AI 시스템은 우선 방대한 가용 정보를 필터링하고 관련성, 사용자 관심도, 트렌드 주제 등의 요소를 기반으로 어떤 뉴스나 기사를 표시할지 선택한다. 또한 AI는 개인 이용자 선호도에 맞게 정보를 선별하여 이용자가 과거 행동, 좋아요, 상호 작용에 공감하는 뉴스를 볼 수 있는 개인화된 피드의 콘텐츠를 구성한다. 그뿐만 아니라 새로운 기사나 업데이트가 등장할 때 뉴스 피드를 계속 자동으로 업데이트하여 이용자가 최신 정보를 받을 수 있도록 한다.

이 경우 플랫폼은 정보의 독점을 깨고 정보의 민주화를 달성하는 데에 기여하기도 하지만, 반대로 정보 확산을 왜곡할 가능성도 있다. 즉, 이러한 자동 큐레이션은 정확성보다 속도를 우선시할 수 있으며, AI가 항상 콘텐츠를 효과적으로 검증하지 않을 수 있기 때문에 확인되지 않거나 출처가 불분명한 정보의 확산으로 이어질 수도 있다.

여기서 알고리듬 큐레이션 또는 알고리듬 조정이라고 하는 것은 AI 알고리듬을 사용하여 소셜 미디어 플랫폼에서 이용자가 생성한 콘텐츠를 자동으로 모니터링 · 평가 · 관리하는 것을 말한다. 같은 맥락에서 게시물, 댓글, 이미지와 동영상을 분석하여 잘못된 정보, 혐오 발언 또는 해로운 행동과 같이 플랫폼 규칙을 위반하는 콘텐츠를 감지하고 조치하는 AI 시스템이 거기에 포함된다.

AI 알고리듬은 방대한 콘텐츠를 실시간으로 스캔하여 부적절하거나 해로운 콘텐츠를 이용자에게 전달하기 전에 필터링할 수 있다. 모욕적인 언어, 폭력적인 이미지 또는 잘못된 정보가 포함된 콘텐츠를 차단하거나 플래그를 지정하는 것이다. 콘텐츠를 관리하는 사람에게만 의존하지 않고, 소셜 미디어 플랫폼은 AI를 사용하여 특정 콘텐츠를 삭제하거나 순위를 낮춰 그 도달 범위를 제한함으로써 규칙을 자동으로 강제한다. 알고리듬은 가짜 뉴스, 극단주의 콘텐츠 또는 사이버 괴롭힘과 같은 유해한 행동을 식별하고 플래그를 지정하여 플랫폼 무결성을 유지하는 데에 도움이 된다.

콘텐츠 식별에서 나타나는 AI의 한계

그러나 AI 알고리듬은 미묘한 차이를 처리하는 데에 어려움을 겪을 수 있으며, 합법적인 콘텐츠를 유해하거나 오해의 소지가 있거나 플랫폼 규칙을 위반하는 것으로 잘못 식별할 수도 있다. 즉, 알고리듬 조정은 콘텐츠 관리의 속도와 규모를 증대할 수 있지만, 인간과 비교하면 맥락을 이해하는 능력이 부족하여 과도한 조정이나 편향된 조정을 초래한다는 비판도 받는다.

예를 들어, 혐오 발언이나 잘못된 정보를 감지하도록 설계된 AI 시스템은 실제로 지침을 위반하지 않았는데도, 특정 키워드나 패턴에 따라 의심스러워 보이는 콘텐츠를 플래그 지정하거나, 또는 삭제할 수 있다. AI 알고리듬은 비꼬기, 유머, 또는 복잡한 사회적 · 정치적 맥락과 같은 언어의 뉘앙스를 이해하는 데에 어려움을 겪을 수 있다. 일례로 잘못된 정보를 비판적으로 토론하는 게시물에 대해서도, AI 알고리듬은 그 문맥을 파악하지 못하기 때문에 잘못된 정보를 퍼뜨리는 것으로 표시할 수 있다. AI가 극단주의 언어와 같은 특정 유형의 콘텐츠를 공격적으로 필터링하도록 훈련되면, 유사한 문구나 단어를 포함하고 있지만 전혀 다른 유해하지 않은 맥락에서 사용되는 유익한 콘텐츠에 잘못된 플래그를 붙일 수 있다. AI 알고리듬은 덜 훈련된 언어나 방언의 콘텐츠에 어려움을 겪을 수 있으며, 이로 인해 널리 사용되지 않는 언어 또는 소외된 커뮤니티의 게시물을 해로운 콘텐츠로 판단해 버릴 수도 있다. 그렇게 되면 이용자를 좌절시키고 과도한 관리라는 비난을 불러일으키며, 플랫폼의 콘텐츠 관리 시스템에 대한 신뢰를 떨어뜨릴 수 있다.

페이스북의 케임브리지 애널리티카 스캔들

소셜 미디어에서 AI를 사용하면 특히 잘못된 정보 · 콘텐츠 조작 영역에서 문제가 발생한다. 단적으로 트럼프 후보 선거 운동 캠프의 디지털 컨설턴트가 수백만 명의 페이스북 사용자 데이터를 오용했다는 폭로는 대서양 양쪽에서 분노를 불러일으켰다. 페이스북이 2016년 미국 대선 당시 회원 5000만 명의 개인 정보 유출을 방조했다는 의혹이다.

사건의 발단은 영국에 기반을 두고 있는 데이터 분석 기업 케임브리지 애널리티카(CA)가 선거 기간 동안 페이스북에서 회원 정보를 불법으로 유출해 당시 공화당 후보였던 트럼프 후보를 지원하는 데에 활용한 것이 알려지면서다. 결론부터 말하면 '성격 검사' 앱으로 수집한 정보가 선거에 활용되었다고 한다. 오래전부터 트럼프를 지지해 온 헤지 펀드 억만장자인 머서(Robert Mercer)는 2014년 미국 중간 선거 때부터 당시 신생 데이터 기업이었던 CA에 투자하기 시작했다. 1990년대 IBM에서 일하는 등 인공지능과 데이터 기술에 능통한 그는 일찌감치 온라인상의 개인 정보 등 빅데이터를 선거에 활용할 수 있다고 판단했기 때문이다.

문제는 CA가 데이터를 수집하는 방식이다. 영국 케임브리지대학 알렉산더 코건(Aleksandr Kogan) 심리학 교수는 2016년 대선 기간 당시 '디스 이즈 유어 디지털 라이프'라는 설문 조사 애플리케이션(앱)을 개발해 페이스북 이용자 27만 명에게 배포했다. 이 앱만 보면 단순한 성격 검사를 하는 것으로 보인다. CA는 설문 조사 앱으로 수집한 5000만 명의 데이터를 받아 유권자 성향을 분석하는 데에 썼다. 트럼프 당시 후보자에게 우호적인 성향을 보유한 유권자들을 찾아내 이들에게 집중적으로 광고와 캠페인 메시지를 배포하고 선거 자금 기부를 유도하는 등의 전략을 짜는 데에 활용했던 것이다. CA 데이터 유출 외에도 페이스북은 2016년 미국 대선 당시 러시아 정부가 연계된 가짜 뉴스가 페이스북을 통해 유통된 의혹이 제기돼 미국 검찰이 수사한 바 있다.

AI 오용은 비단 페이스북만의 문제가 아니다. AI가 생성한 딥페이크 동영상이 소셜 미디어 전반에 퍼지면서 정치인이나 유명 인사를 사칭해 막대한 피해를 주고 있다. 이러한 동영상은 시각적으로 설득력이 있지만, 완전히 조작되어 진정한 뉴스 매체에 대한 신뢰를 떨어뜨린다. 다양한 정치 캠페인이 진행되는 동안 트위터에는 AI가 생성한 가짜 뉴스 기사와 이러한 이야기를 증폭시키는 봇이 넘쳐 광범위한 혼란과 잘못된 정보가 발생했다. 유튜브의 AI 추천 시스템은 사용자를 점점 더 극단적인 콘텐츠로 몰아간다는 이유로 비판을 받았다. 이는 정치적 · 이념적 맥락에서 이용자가 음모론과 분열을 일으키는 콘텐츠로 연결되는 급진화로 이어졌다. 틱톡(TikTok)에서는 AI 기반 콘텐츠 제작 도구가 특히 코로나19 팬데믹과 같은 주요 글로벌 사건 와중에 음모론과 허위 주장을 전파하는 데에 사용되었다. 틱톡은 사람들이 자신이 만든 짧은 동영상을 공유할 수 있는 소셜 미디어 서비스다. 사람들이 틱톡에서 활동하는 영향력 있는 사람(influencer)을 신뢰하고 그들에 대한 높은 충성도를 보인다. 일부 틱톡 인플루언서는 후원 게시물과 주요 콘텐츠로 날마다 수천 달러를 버는 동시에, 또한 커뮤니티에 영감을 주고 있기도 하다고 한다.

참고문헌

하선영(2018.3.21). 5000만명 정보 샌 '데이터 스캔들'…최대 위기

맞은 페이스북. ≪중앙일보≫,
https://www.joongang.co.kr/article/22459674

Arive, L.(2024.3.8). AI moderation: A game-changer for social media platforms in 2024.
https://chekkee.com/ai-moderation-a-game-changer-for-social-media-platforms-in-2024/

Bakkali, S., et al.(2024). Artificial intelligence in social media: From content personalization to user engagement. In Y. Farhaoui (Ed.), *Artificial intelligence, big data, IOT and block chain in healthcare: From concepts to applications* (pp.45-52). Springer Cham.

Confessore, N.(2018.4.4). Cambridge Analytica and Facebook: The scandal and the fallout so far. *The New York Times*,
https://www.nytimes.com/2018/04/04/us/politics/cambridge-analytica-scandal-fallout.html

Marvin, R.(2019.1.29). How Google's Jigsaw is trying to detoxify the Internet. *PC Mag*,
https://www.pcmag.com/news/how-googles-jigsaw-is-trying-to-detoxify-the-internet

09
AI 시대 언론의 독자 관리

AI의 등장은 콘텐츠 제작부터 독자 참여 · 관리에 이르기까지 모든 수준에서 저널리즘을 재편하고 있다. AI 시대에 미디어 회사는 독자의 신뢰를 유지하고 만족도를 높이며 개인화를 강화하는 것을 목표로 청중과 상호 작용하는 새로운 방식에 적응하고 있다. 이 장에서는 AI 기반 고객 서비스, 콘텐츠 큐레이션, 미디어 매체와 청중 간의 진화하는 관계에 대한 통찰력을 통해 AI가 미디어 회사의 독자 관리를 어떻게 변화시키고 있는지 살펴본다.

AI와 화장품?

AI를 활용한 맞춤형 독자 관리

AI 기술을 활용하면 개별 독자의 특정 선호도 · 행동 · 요구에 맞게 콘텐츠, 추천, 상호 작용을 조정하는 프로세스가 가능하다. 미디어 기업은 AI를 활용하여 브라우징 습관, 과거 기사 읽기, 참여 수준, 인구 통계 등 독자에 대한 데이터를 분석하여 한층 더 맞춤화된 경험을 제공할 수 있다.

첫째, 콘텐츠 큐레이션이다. AI는 독자의 관심사에 맞는 기사, 동영상 또는 기타 미디어를 추천하여 더욱 매력적인 경험을 하게 할 수 있다. 둘째, 개인화된 뉴스 알림 또는 업데이트다. AI는 독자가 자주 읽거나 추적하는 내용을 기반으로 개인화된 뉴스 알림 또는 기사 제안을 보낼 수 있다. 셋째, 맞춤형 사용자 인터페이스다. 콘텐츠의 레이아웃, 테마 또는 프레젠테이션을 다양한 사용자의 선호도에 맞게 조정할 수 있다.

여기서 인터페이스라는 용어는 미디어 플랫폼이나 웹사이트와 상호 작용하는 방식을 의미하며, 여기에는 콘텐츠가 표시되고 미디어 플랫폼을 탐색하는 방식도 포함된다. 사용자 인터페이스(user interface, UI)에는 메뉴, 버튼, 기사 편집, 시각적 테마, 사용자가 플랫폼에 참여할 수 있는 전반적인 디자인과 같은 요소가 포함된다.

인터페이스가 맞춤화되었다는 것은 AI가 독자의 선호도에 따라 이러한 디자인 요소를 조정할 수 있다는 것을 의미한다.

예를 들어 독자가 동영상을 자주 시청하는 경우 더 많은 동영상 콘텐츠를 제시하는 등 사용자가 선호하는 콘텐츠 유형을 돋보이도록 편집을 조정한다. 밝은 분위기 또는 어두운 분위기에 대한 사용자 선호도에 따라 주제나 색상을 변경하기도 한다. 독자의 관심사와 일치하는 카테고리나 섹션이 눈에 띄게 표시되도록 온라인 뉴스 사이트의 편집을 개인화한다. 미디어 회사는 인터페이스를 조정함으로써 사용성을 개선하고 개별 독자에게 더 즐겁고 관련성 있는 독서 경험을 제공하는 것을 목표로 한다.

이러한 맥락에서 개인화의 목표는 미디어 경험이 각 독자에게 고유하게 적합하다고 느껴지게 함으로써 참여를 심화하고 독자 만족도를 높이며 충성도를 강화하는 것이다.

독자의 피드백을 반영하는 AI

AI는 세계 각국의 유명한 언론사들이 독자의 정서, 선호도, 콘텐츠의 전반적인 영향에 대한 통찰력을 얻는 데에 도움을 준다. 그러나 뉴스 보도 범위를 개선하고 기사 주제를 확장하는 과정에서는 데이터 기반 통찰력과 저널리즘 전문성을 결합해야 하므로 AI가 그 일을 감당하기에는 한계가 있고, 편집 결정은 여전히 대부분 인간의 통제하에 있다. 독자의 피드백 과정에서 도움을 주는 AI의 역할은 다음과 같다.

첫째, 독자 피드백의 종합적인 분석을 AI가 지원한다. AI 시스템은 자연어 처리를 사용하여 댓글, 의견, 질문의 톤, 감정, 주제를 이해한다. 이를 통해 미디어 회사는 독자 피드백의 패턴을 감지하고 관심 있는 주제를 식별하며 다양한 이슈에 대한 대중의 정서를 측정할 수 있다. AI는 독자의 피드백을 분석하여 특정 주제(예: 긍정적, 부정적, 또는 중립적 감정)에 대한 독자의 감정을 파악할 수 있다. 이는 미디어 조직이 콘텐츠에 대한 감정적 반응을 이해하는 데에 도움이 된다. 또한 AI 도구는 특정 기사와 관련된 피드백 유형을 분석하여 독자가 기사의 정확성, 어조 또는 초점에 의문을 제기하는지 식별할 수도 있다. 이를 통해 뉴스룸은 보도에서 잠재적인 사각지대나 편견을 발견하게 된다. 그뿐만 아니라 AI는 방대한 양의 피드백을 선별하여 독자들 사이에서 반복되는 주제나 우려 사항을 식별할 수 있다. 이는 점점 더 중요해지는 이슈나 독자들이 더 많은 취재 보도를 요청하는 영역을 나타낼 수 있다.

둘째, 독자의 피드백이 AI를 통해 뉴스 보도와 편집 결정에 영향을 미칠 수 있다. 독자 피드백에 대한 AI 기반 분석을 기반으로 편집 팀은 취재 보도의 방향과 내용을 조정할 수 있다. 예를 들어, AI가 독자들이 특정 이슈(예: 기후 변화, 사회 정의, 정치적 투명성)에 계속 관심이 있거나 우려를 제기한다고 식별하면 뉴스룸은 이러한 주제를 더 깊이 다루는 데에 더 많은 인력과 재정을 투입하게 된다. AI는 미디어 조직이 독자들에게 가장 공감을 불러일으키는 주제나 스토리 각도를 파악하는 데에 도움이 된다. AI의 도움으로 언론사는 독자들의 더 높은 참여를 유도하거나 건설적인 논쟁을 불러일으키는 분야에 더 중점을 두고 보도 방향을 조정할 수 있다. AI는 독자 피드백의 패턴을 강조하여 취재 보도에서의 편견이나 누락을 인식할 수 있다. 이를 통해 편집자는 시청자의 견해와 관심사를 더 잘 반영하기 위해 보도를 재평가하고 다각화할 수 있다. AI 시스템은 특정 집단의 청중이 과소대표되거나 그들의 목소리가 들리지 않는다고 느낄 때 그것을 감지할 수 있으므로 미디어 매체는 보도에 더 다양한 목소리와 관점을 반영한다.

AI는 피드백을 분석하고 통찰력을 제공하는 데에 중요한 역할을 하지만, 인간 편집자와 언론인은 궁극적으로 AI의 권고 사항에 따라 어떻게 행동할지를 결정한다. 피드백의 해석, 스토리 구성, 주제 선택은 여전히 인간 기자의 영역인 저널리즘 전문성, 윤리, 편집 목표에 크게 의존한다.

뉴스 콘텐츠의 유료화를 돕는 AI

언론사는 독자를 더 잘 관리하고 참여도를 높이며 구독 또는 시청률을 높이기 위해 AI 기술을 뉴스룸의 운영에 통합했다. AI는 사용자 경험을 개인화하고 콘텐츠 제공을 최적화하며 구독 모델을 간소화하는 방법의 중심이 되었다.

≪월스트리트저널≫은 1996년 디지털 뉴스 유료 구독제를 미디어 역사상 처음으로 도입했다. 영국의 ≪타임스(The Times)≫는 그로부터 14년 뒤인 2010년에 페이월(paywall)을 세웠다. ≪뉴욕타임스≫는 2011년 3월에 페이월을 출시하여 구독 우선 뉴스와 라이프 스타일 서비스로서의 여정을 시작했다. 페이월은 미국과 영국 등의 서구 미디어에서 자리 잡은 기사 유료화를 뜻한다. 온라인 뉴스 콘텐츠에 접근할 때 돈을 내게 한 것이다.

≪뉴욕타임스≫는 시작부터 비구독자가 페이월을 만나기 전에 매달 고정된 수의 기사를 읽을 수 있게 설계되었다. 이 전략은 구독을 생성하는 동시에 신규 독자에게 초기 탐색 액세스를 허용하는 데에 성공한 것으로 입증되었다. 실제로 ≪뉴욕타임스≫가 2022년 2월에 애슬레틱 미디어 컴퍼니(The Athletic Media Company)를 인수하면서 1000만 구독이라는 목표를 달성하고 2027년 말까지 1500만 구독자라는 새로운 목표를 세웠다. 이러한 성공은 부분적으로 수년간 페이월 전략의 지속적인 개선 덕분에 가능했다. ≪뉴욕타임스≫가 데이터 기반 디지털 회사로 변모함에 따라 이제 AI의 기계 학습 모델을 사용하여 페이월을 더 똑똑하게 만들고 있다. ≪뉴욕타임스≫는 AI를 사용하여 동적이고 개인화된 페이월을 생성한다. AI는 사용자 행동(예: 사이트 방문 빈도, 어떤 기사를 읽는지 등)에 따라 사용자의 구독을 유도할 시기와 방법을 결정한다. 이러한 데이터 기반 접근 방식은 구독 전환율을 높이는 데에 도움이 된다.

좀 더 구체적으로 살펴보면, 아직 ≪뉴욕타임스≫에 계정이 없는 미등록 사용자가 있다. 미등록 상태가 지속될 수 없는 제한에 도달하면 액세스를 차단하고 당사에 계정을 만들거나 이미 계정이 있는 경우 로그인하라는 등록 벽이 표시된다. 이렇게 하면 더 많은 무료 콘텐츠에 액세스할 수 있으며, 이제 활동이 등록 아이디(ID)와 연결되므로 ≪뉴욕타임스≫ 콘텐츠에 대한 현재 사용자의 욕구를 더 잘 이해할 수 있다. 이 사용자 정보는 모든 기계 학습 애플리케이션에 유용하다. 등록된 사용자가 다시 제한에 도달하면 구독 혜택이 제공되는 페이월이 제공된다. ≪뉴욕타임스≫는 보호되는 클래스에 대한 불공정한 편견을 드러내지 않기 위해 모델에 인구 통계학적 또는 심리학적 특징을 사용하지 않는다. 공정하고 책임감 있는 방식으로 기계 학습을 사용하기 위해 최선을 다하고 있다고 한다.

AI가 이룩한 댓글 관리 혁명

AI 기반 댓글 조정 시스템을 통해 전 세계의 주요 미디어 매체가 대규모 상호 작용을 관리하여 양질의 토론을 보장하는 동시에 댓글 섹션을 안전하고 건설적으로 유지하는 데에 필요한 수작업을 줄일 수 있다. 이러한 각 미디어 조직은 플랫폼에서 건전한 토론을 유지하고, 인간 관리자의 부담을 줄이며, 사용자 참여를 향상하기 위해 댓글 조정에 AI를 사용한다.

≪뉴욕타임스≫는 2017년 더 많은 스토리에 댓글을

달 수 있도록 구글의 직소(Jigsaw)와 협력하여 만든 모더레이터(Moderator)라는 새로운 시스템을 도입했다. 직소는 세계 최대 검색 포털인 구글 모회사 알파벳(Alphabet)의 사내 싱크 탱크였던 구글 아이디어스가 분사한 신기술 개발 조직이다. 모더레이터는 댓글 검토 프로세스를 한층 더 효율적으로 만들 수 있도록 설계된 퍼스펙티브 API(Perspective API)라는 널리 사용되는 기계 학습 시스템으로 구동된다. 퍼스펙티브 API는 구글의 기술 인큐베이터인 직소에서 개발한 도구로, 온라인 플랫폼이 기계 학습 모델을 사용하여 댓글과 같은 사용자 생성 콘텐츠를 관리하고 중재할 수 있도록 지원한다.

모더레이터를 배포한 후 ≪뉴욕타임스≫는 댓글에 개방되는 스토리의 수를 크게 늘렸다. 이 시스템은 독성, 학대 또는 부적절할 가능성에 따라 댓글을 점수화한다. 독자들의 댓글에 독성 점수를 할당하고 특정 독성 임계값을 초과하는 댓글에 자동으로 플래그를 지정하거나 숨긴다. AI는 인간 관리자의 수동 작업량을 줄인다. 이 시스템은 댓글 조정 속도를 크게 높여 ≪뉴욕타임스≫가 시민 담론을 유지하면서 대량의 댓글을 관리할 수 있도록 지원한다. AI의 댓글 조정 시스템을 적용함으로써 더 많은 기사에 대한 댓글 섹션을 다시 열 수 있게 되어 독자 참여도가 높아졌다.

《뉴욕타임스》를 비롯한 주요 미디어 매체에서 모두 AI 모델은 언어의 구조를 분석하고 키워드를 식별하며 맥락을 이해하여 욕설, 모욕적인 댓글, 독성 행동을 감지하도록 훈련된다. AI는 댓글 섹션에서 스팸 또는 광고나 홍보 목적의 콘텐츠를 식별하고 제거하는 데에 도움이 된다. AI는 실시간으로 작동하여 부적절한 댓글이 게시되기 전에 필터링하여 인간 관리자가 더 미묘한 사례에 집중할 수 있도록 한다. AI가 작업의 상당 부분을 자동화하지만, 인간 관리자는 플래그가 지정된 콘텐츠(flagged content)를 검토하고 복잡한 사례를 처리하며 댓글이 맥락에 맞게 평가되도록 하는 데에 여전히 필수적이다. 여기서 플래그가 지정된 콘텐츠를 검토한다는 것은 AI 시스템이나 독자가 잠재적으로 부적절하거나 유해하거나 커뮤니티 가이드라인을 위반한 것으로 표시(flagging)한 댓글, 게시물 또는 기사와 같은 콘텐츠를 인간 관리자가 검토하는 과정을 의미한다. AI 시스템은 흔히 미리 정의된 규칙이나 패턴(예: 불쾌한 언어, 스팸 또는 잘못된 정보)에 따라 콘텐츠에 자동으로 플래그를 지정한다. 그러나 인간 관리자는 최종 결정을 내리기 위해 플래그가 지정된 콘텐츠를 검토해야 한다. 이들은 AI가 완전히 이해하지 못할 수 있는 맥락, 뉘앙스 또는 의도를 고려하여 콘텐츠가 실제로 지침을 위반하는지를 평가한다. 이를 통해 공정하고 정확한 댓글 조정 작업이 보장된다.

또한 AI는 인간 관리자의 부담을 크게 줄여 기자들에게 과도한 작업량이나 부담을 주지 않고도 방대한 댓글을 관리할 수 있도록 지원한다. 댓글 섹션을 건강하게 유지함으로써 이러한 도구는 더 많은 독자가 토론에 참여하도록 유도하여 전반적인 참여도를 높인다. AI는 해로운 댓글로 인해 토론의 질이 저하되는 것을 방지하여 이러한 도구가 저널리즘의 무결성을 유지하는 데에 도움이 된다. AI의 댓글 조정 시스템은 댓글 섹션이 계속 환영받을 수 있도록 지원하여 괴롭힘, 혐오 발언, 트롤링(trolling)을 방지한다. 트롤링은 다른 사용자를 자극하여 감정적인 반응을 유도하려는 의도로 온라인 커뮤니티에 선동적이거나 주제를 벗어난 메시지를 게시하는 것을 의미한다.

참고문헌

국기연(2022.8.30). 디지털 대응 제각각 다르지만…'페이월' 힘 쏟는 세계 언론들. ≪기자협회보≫, http://m.journalist.or.kr/m/m_article.html?no=52096

Supekar, R.(2022.8.11). How the New York Times uses machine

learning to make its paywall smarter. *The New York Times*, https://open.nytimes.com/how-the-new-york-times-uses-machine-learning-to-make-its-paywall-smarter-e5771d5f46f8

The NYT Open Team(2020.5.1). To apply machine learning responsibly, we use it in moderation. *The New York Times*, https://open.nytimes.com/to-apply-machine-learning-responsibly-we-use-it-in-moderation-d001f49e0644

10
AI 시대 대중의 언론에 대한 태도: 시민의 언론 감시를 포함하여

AI 저널리즘 시대에 미디어에 대한 대중의 태도는 신뢰, 투명성, 책임에 대한 우려에 의해 형성된다. AI는 미디어 기업에 수많은 이점을 제공하지만 해결해야 할 윤리적 문제도 제기한다. 독자들이 저널리즘에서 AI의 역할을 더 많이 인식함에 따라 더 높은 수준의 미디어 활용 능력 교육을 요구할 수도 있다. 언론 매체, 정부, NGO, 독자 간의 거버넌스 네트워크를 구축함으로써 AI가 책임감 있게 사용되고 저널리즘이 사회의 신뢰할 수 있는 기둥으로 남아 있도록 보장할 수 있다.

종교와 AI?

독자들이 편하게 받아들이는 AI의 역할

AI, 그리고 유사한 기술은 한동안 언론 기관에서 사용되었지만, 이러한 사용은 대부분 무대 뒤에서 이루어졌다. 그러나 최근 대형 언어 모델(large language model, LLM)의 발전과 2022년 말 챗GPT의 공개 출시에 이어 다른 생성형 AI 도구가 쏟아져 나오면서, 대중의 관심이 변화하고, 언론사들이 AI 기술을 활용한 뉴스 콘텐츠 제작에 대해 어떻게 생각하고 있는지에 대한 실질적인 변화가 일어나고 있다.

대형 언어 모델은 텍스트를 인식하고 생성할 수 있는 AI 프로그램의 일종으로, 텍스트를 인식하고 생성하는 것 외에도 여러 가지 과제를 수행할 수 있다. 대형 언어 모델은 방대한 데이터 세트에 대해 학습된 모델이기 때문에 '대형'이라는 이름이 붙는다.

신문사 편집국이나 방송사 보도국 같은 뉴스룸에서 AI의 활용에 대한 연구는 빠르게 진행되었지만, 특히 많은 국가에서 뉴스에 대한 신뢰가 낮거나 하락하는 상황에서 뉴스 시청자가 이러한 갑작스러운 현상을 어떻게 받아들이고 있는지에 대해서는 훨씬 덜 알고 있다. 일반적으로는 시청자 스스로 AI에 대해 배우고 의견을 형성하고 있지만, 이러한 기술이 저널리즘에서 구체적으로 어떻게 사용될 수 있는지 이해하는 사람은 거의 없는 상황이다.

언론사는 다양한 작업에 AI를 활용할 수 있지만, 독자나 시청자는 실제 AI에 의한 새로운 콘텐츠 제작보다는 인간 기자를 돕는 작업과 뉴스 전달 방식 개선에 AI를 활용하는 것을 더 편안하게 느끼는 경향이 있다. AI를 통한 새로운 콘텐츠 생성은 때때로 진정성과 품질에 대한 우려를 불러일으키는 반면, 뉴스 전달이나 운영 효율성의 혁신은 대중에게 더 쉽게 받아들여지고 있다.

독자들이 편하게 받아들이는 AI의 역할은 미디어 · 저널리즘 플랫폼을 효율적으로 운영하는 데에 도움이 되지만, 독자에게 직접 보이지는 않는 것들이다. 첫째, 데이터 처리 · 분석이다. AI는 대규모 데이터 세트를 분석하여 트렌드, 독자 선호도, 참여 지표를 식별하여 콘텐츠 전략을 개선할 수 있다. 둘째, 콘텐츠 추천 시스템이다. AI는 사용자 행동을 기반으로 뉴스 피드나 제안을 맞춤화하여 콘텐츠를 한층 더 개인화하고 효율적으로 전달할 수 있도록 지원한다. 셋째, 일상적인 작업 자동화다. AI는 기사 태그(tag), 게시물 예약 또는 대량의 메타데이터(metadata) 관리와 같은 프로세스를 자동화하여 콘텐츠 자체에 직접적인 영향을 미치지 않으면서 운영을 간소화할 수 있다.

여기서 '메타데이터'는 기사 또는 콘텐츠에 대한 설명 정보를 의미하며, 이는 독자들의 눈에 띄지 않으면서 기사를 구성하고 관리하는 데에 도움이 된다. 메타데이터의 예로는 먼저 태그를 들 수 있다. 태그는 기사의 주제를 설명하는 키워드 또는 카테고리로, AI 또는 검색 엔진이 콘텐츠를 더 잘 분류하고 그 콘텐츠에 가장 적합한 독자에게 추천하는 데에 도움을 준다. 게시된 기사의 세부 정보를 제공하는 것도 메타데이터에 해당한다. 즉, 기사가 게시된 날짜와 시간, 작성자, 출처와 같은 정보는 모두 콘텐츠를 구성하고 예약하는 데에 사용된다. 이러한 작업은 콘텐츠 제작(예: 기사 작성)과 달리 실제 뉴스 출처가 되지 않고도 효율성을 높이는 운영 · 지원 기능이다.

메타데이터에는 기술적인 데이터도 있는데, 예를 들어 파일의 크기, 형식 또는 언어와 같은 세부 정보로서, 어떤 플랫폼에서도 기사가 올바르게 표시되도록 도와준다. 즉, 웹사이트, 모바일 앱, 소셜 미디어 플랫폼을 비롯하여 콘텐츠가 배포되는 다양한 디지털 환경이나 장치에서 기사가 제대로 보이도록 지원하는 것이다. 다시 말하면 스마트폰, 데스크톱, 태블릿 또는 다양한 운영 체계(예: iOS, Android, Windows)에서, 그리고 접속하는 위치와 관계없이 기사나 미디어 콘텐츠를 올바르게 표시할 수 있다는 것을 의미한다. 이러한 일관성은 원활한 사용자 경험을 제공하여 콘텐츠를 시청하는 데에 사용되는 플랫폼과 관계없이 콘텐츠가 올바르게 표시되고 작동하도록 하는 데에 이바지한다. AI 기반 미디어에서 이 메타데이터의 관리를 자동화하면 운영이 간소화되어 실제 콘텐츠에 직접적인 영향을 미치지 않으면서도 콘텐츠를 검색 · 정리하고 효율적으로 전달할 수 있다.

독자가 못 받아들이는 AI 기반 콘텐츠

유일한 AI 기술이나 애플리케이션이 없는 것처럼, 언론 기관이 AI를 사용하는 것에 대한 독자의 관점은 매우 다양하다. 초기 반응은 회의적인 경향이 있지만, AI가 사용되는 특정한 맥락을 고려할 때 사람들은 훨씬 더 미묘한 관점을 제시한다. 언론 기관에서 AI를 사용하는 것에 대한 청중의 반응은 단순히 흑백이 아니라는 뜻이다.

사람들은 AI를 노골적으로 받아들이거나 거부하지 않고, AI가 사용되는 맥락에 따라 의견을 형성한다. 예를 들어, 청중은 작업 흐름의 자동화 또는 콘텐츠의 개인화와 같은 눈에 띄지 않는 작업에 AI를 사용하는 것에 대해서는 더 편하게 받아들이지만, 일반적으로 인간의 판단이 중요시되는 뉴스 스토리를 생성하거나 언론의 논조를 결정하는 일에 AI가 참여할 경우 더 큰 의구심을 가질 수 있다. 즉, 대중의 견해는 AI가 어떻게 적용되는지에 따라 다르며, 일부 용도에 대해서는 비판적이거나 신중하게 승인하는 모습을 보일 수 있다. 이는 AI에 대한 독자들의 태도를 평가할 때 한층 더 상세하고 신중한 접근이 필요하다는 이야기다.

특히 민감하거나 중요한 영역에서 AI가 독자와 마주치는 최종 결과물로서의 콘텐츠를 제작하는 일에 관여하는 것에 독자는 불편해하며, 특히 AI가 생성한 동영상이나 이미지와 같이 실물로 오인될 수 있는 합성(synthetic) 미디어를 우려한다. 오류로 인해 중대한 결과를 초래할 수 있는 경우 그러한 우려는 더욱더 증폭된다. 합성 이미지나 동영상에는 실제 사람의 얼굴이나 목소리가 디지털 방식으로 조작되거나 전적으로 AI에 의해 생성되어 마치 누군가가 실제로 하지 않은 말이나 행동을 마치 한 것처럼 보이게 하는 딥페이크와 같은 AI 생성 비주얼이 포함될 수 있다. 합성 텍스트도 부정적이기는 마찬가지인데, 여기에는 AI가 지어낸 뉴스 기사, 소셜 미디어 게시물 또는 챗봇 응답이 포함될 수 있으며, 이는 사람 저자를 참여시키지 않은 채 사람의 언어와 다름없는 형태를 취한다. 전반적으로 인간이 뉴스 콘텐츠의 생산 프로세스에 계속 관여해야 하며, 완전 자동화된 시스템은 피해야 한다는 데에는 독자들 사이에 강력한 공감대가 형성되어 있다.

AI 사용을 공개하는 방식

언론인들은 청중의 신뢰를 유지하기 위해 AI 사용을 공개하는 방식에서 섬세한 균형을 잡아야 한다. 독자를 압도하거나 소외시키지 않으면서 저널리즘에서 AI가 맡는 역할이 어떤 모습인지를 명확하게 전달하는 것이 중요하다.

지나치게 기술적이거나 모호한 설명은 이미 미디어에 대한 신뢰가 낮거나 AI에 대한 이해가 부족한 개인을 방해하여 부정적인 가정을 하게 만들 수 있다. 그와 동시에 AI의 관여에 대한 투명성을 보류하면 청중이 소비하는 뉴스에 대해 정보에 입각한 결정을 내리는 데에 필요한 정보를 박탈하여 신뢰에 해를 끼칠 수 있다.

저널리즘에서 AI의 사용에 대한 대중의 태도는 아직 초기 단계이며, 사람들이 개인 · 직업 생활에서 AI에 대한 직접적인 경험을 더 많이 쌓으면서 진화할 가능성이 크다. 이러한 친숙도가 높아짐에 따라 추상적인 우려는 좀 더 실질적인 고려 사항으로 바뀔 것이다. 그러나 현재 사람들이 특정 작업, 특히 인간의 감정, 판단, 개인적 연결이 필요한 작업은 여전히 인간의 통제하에 있어야 한다고 믿고 있다. 이러한 분야의 경우 언론사는 대중의 기대에 부응하여 인간이 계속 중심적인 역할을 할 수 있도록 하기를 원한다.

참고문헌

Arguedas, A.(2024.6.17). Public attitudes towards the use of AI in journalism. https://reutersinstitute.politics.ox.ac.uk/digital-news-report/2024/public-attitudes-towards-use-ai-and-journalism

Espiritusanto, Ó., et al.(2024). The role of AI in citizen journalism, human rights activism, and monitoring: Limits and possibilities. In J. Sixto-García et al. (Eds.), *Journalism, digital media and the fourth industrial revolution* (pp.211–226). Palgrave Macmillan.

Haas, J.(2020.11.16). Freedom of the media and artificial intelligence. https://www.osce.org/files/f/documents/4/5/472488.pdf

심양섭

남북사랑학교 대안교육기관 대표. 서울대학교 동양사학과를 졸업하고 연세대학교에서 석사학위를, 성균관대학교에서 정치학 박사학위를 각각 취득하였다. 경향신문 편집부와 조선일보 사회·정치부 기자를 역임하였다. 미국 시애틀 소재 워싱턴대학교(University of Washington, UW)에서 2001년에는 잭슨스쿨(Henry M. Jackson School of International Studies) 한국학센터(Center for Korea Studies)의 방문학자, 2009년에는 정치학과(Department of Political Science)의 방문학자로 각각 1년간 연수하였다. 그동안 아주대학교, 이화여자대학교, 숙명여자대학교, 성신여자대학교, 한림대학교, 단국대학교, 가천대학교, 경기대학교, 한국방송통신대학교에서 정치학과 신문방송학을 가르쳤다. 저서로는 『미국 초등학교 확실하게 알고 가자』(2003), 『여자가 기자가 된다』(2008), 『한국의 반미, 대안은 있는가』(2005) 등이 있으며, 옮긴 책으로는 『성공하는 리더십의 조건』(공역, 2012), 『외교 원리와 실제』(2014), 『부패와 개혁의 제도주의 경제학』(2017), 『자본주의』(2017) 등이 있다. KCI(국내학술지인용색인) 등재 논문으로는 "한미 양국 간 시민사회 연결망 구축방안 연구"(2012), "탈북 이주민의 한국 사회 편입양태와 정책적 시사점"(2017), "한국 사회 반다문화 담론의 쟁점과 실제 그리고 대응"(2016) "A Critical Viewpoint of South Korean Anti-Americanism"(2009) 등 모두 15편이 있다.